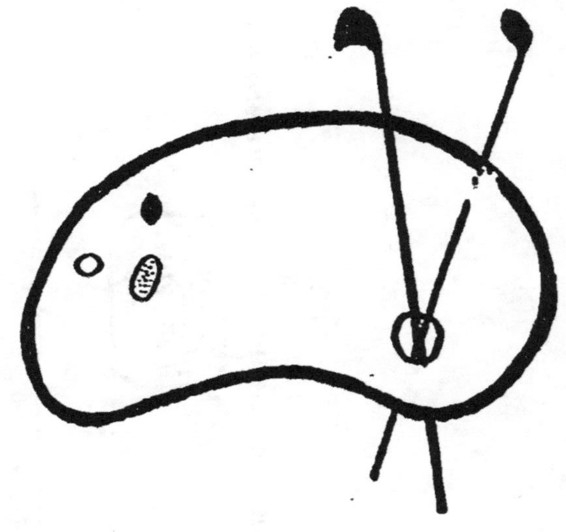

NOMS DE RIVIÈRES

ET

LÉGENDES DU DAUPHINÉ

NOTES PHILOLOGIQUES

PAR

L'Abbé L. MOUTIER

IMPRIMERIE ET LITHOGRAPHIE BOURRON

1882

LES
NOMS DE RIVIÈRES

EN

DAUPHINÉ

LES
NOMS DE RIVIÈRES

EN

DAUPHINÉ

ÉTUDE PHILOLOGIQUE

PAR

L'Abbé MOUTIER

MONTÉLIMAR

IMPRIMERIE ET LITHOGRAPHIE BOURRON

—

1881

LES NOMS

Des Rivières en Dauphiné

(ÉTUDE PHILOLOGIQUE)

Tous nos voisins ne sont pas des amis du premier degré. Il en est un cependant qui rachète ses nombreux travers et a droit à une reconnaissance particulière. Grincheux et violent à certains jours, pillard même et ravageur, il n'en est pas moins un bienfait de la Providence. Cet étrange voisin, c'est le cours d'eau qui coule au bas de notre vallée. Petit ruisseau, il papillonne dans la prairie, donnant à pleines racines la sève aux grands peupliers. Petite rivière, ses eaux font tourner le moulin et fournissent à la poêle champêtre un fretin toujours menu. Large fleuve, son rôle s'agrandit. Océan d'eau douce en miniature, il se constitue le porte-faix et le très-humble serviteur de millions d'hommes.

Mais ce cours d'eau grand ou petit, tantôt paisible et tantôt furieux, possède un nom aussi bien que vous et moi ; un nom qui nous est familier comme celui de notre village, et qui nous rappelle les meilleurs jours de notre enfance. Vénérable autant qu'un blason des croisades, ancien, peut-être à l'égal des haches celtiques, ce nom mérite de fixer l'attention des chercheurs.

Lecteur dauphinois, qui aimez à fouiller jusqu'au fond des choses, essayons de lire dans ce parchemin de nos annales.

Les langues subissent l'instabilité des choses humaines. Elles se transforment d'âge en âge, comme les peuples qui les parlent. Toutefois ces transformations rencontrent certaines limites et ne s'opèrent que suivant des lois générales que la philologie a su découvrir. Une de ces lois bien reconnue, c'est que, dans tout idiome, les mots ont ordinairement le sort des objets qu'ils désignent. Les coutumes changent, les institutions varient, les hommes passent, et par là même tous les termes qui se rapportent aux choses variables sont fatalement entraînés dans une série continue de changements. Par contre, il existe une terminologie à peu près stationnaire. Ce sont les noms de rivières, de montagnes et de territoire. Pareils à de vieux murs en ciment romain, le temps les respecte, et ils semblent participer à quelque chose de l'immutabilité du sol.

En raison de sa configuration très montagneuse, le Dauphiné voit couler sur son territoire un nombre considérable de rivières et de torrents. La récente Géographie de Joanne ne contient pas moins de 250 noms, sans y comprendre les ruisseaux d'un faible parcours. Ces noms sont loin de présenter un tout homogène, quant à la physionomie et quant à la provenance. On y distingue, comme dans le domaine de la géologie, une véritable stratification, c'est à dire une série de couches superposées se succédant par ordre chronologique.

En haut, à la surface, une cinquantaine de noms décèlent une origine toute française. En bas, est une nomenclature formant un *substratum* singulièrement obscur et très important, puisqu'il possède à lui seul les trois cinquièmes du nombre total. Les noms romans et bas latin servent de transition entre ces deux groupes extrêmes, et cette transition est si bien ménagée, que certains cours d'eau sont dotés d'un nom à double élément, à l'instar de ces médailles bilingues, avec inscription gauloise d'un côté et traduction latine au revers.

Dans les temps préhistoriques, les premières peuplades qui vinrent se fixer entre les Alpes et le Rhône *baptisèrent* toutes nos rivières dauphinoises, et leur imposèrent des noms tirés de leur propre langue. On a constaté que tous les peuples en émigrant portent leur géographie avec eux, et que sur les étapes de leur chemin, ils donnent aux lieux qu'ils choisissent des noms qui leur rappellent le pays d'origine, la patrie absente. Voilà pourquoi, dans le monde aryas, on rencontre des fleuves et des chaînes de montagne portant les mêmes noms, quoique placés à de très grandes distances.

Ces dénominations topiques paraissent appartenir chez nous au fonds même des langues celtiques parlées au midi de la Gaule. Les Allobroges et les Voconces les conservèrent, et les Romains ne les entamèrent qu'en partie. Aujourd'hui encore, après plus de vingt siècles d'usage, elles constituent le reste le plus précieux de l'idiome de nos ancêtres.

Ces mots, qui ne disent plus rien à notre esprit, eurent d'abord une signification parfaitement comprise du peuple contemporain. Ils commencèrent par être des noms communs, des qualificatifs en rapport avec la chose dénommée, *verba appellativa*, appellations vivantes et parlantes, qui finirent par devenir inintelligibles et lettre morte, quand le langage primitif se fut altéré.

Tirez ces expressions archaïques des entrailles des patois, où elles gisent pétrifiées. Dégagez-les des formes romanes, qui les couvrent comme une rouille. Comparez-les aux vocables similaires; soumettez-les enfin à l'analyse d'une critique rigoureuse, vous aurez ainsi la satisfaction de reconstituer quelques éléments du glossaire gaulois. Votre surprise sera grande, car vous aurez soulevé un coin du voile qui nous cache les origines de notre province. Et remarquez bien; ce n'est point seulement ici affaire de curiosité, c'est avant tout une question de science, et dès lors l'étude des noms de rivières devait tenir le premier rang dans le programme que s'est tracé la Société des Félibres Dauphinois. Nos patois de l'Isère, de la Drôme et des Hautes-Alpes offrent à la linguistique un champ complètement inexploré sous ce rapport.

Cet examen étymologique se divise naturellement en deux parties. Dans la première, nous considèrerons les noms tirés du domaine néo-latin. Dans la seconde, nous passerons en revue les noms étrangers à nos langues classiques.

I. — Noms Romans.

Il n'est pas nécessaire de se mettre martel en tête ni loupe aux yeux pour lire couramment dans cette première nomenclature. Rien n'est simple, en effet, comme les mots que nous allons y rencontrer. Des noms communs et des adjectifs joints ou séparés, voilà toute l'économie qui a présidé à leur composition. Donc, le moindre *Quicherat*, avec un peu de latin plus ou moins culinaire, nous suffiront à résoudre les cas les plus embarrassants.

1° Nos pères n'ont pas fait un grand effort d'imagination lorsqu'ils ont donné à leurs rivières des noms vagues tels que Riéu, *rivus* et Aigo, *aqua*. Mais en cela ils ont suivi le procédé linguistique de leurs ancêtres de la Gaule; procédé tout primitif qui se retrouve encore chez les peuplades du Nouveau-Monde. Du reste à quoi bon recourir à des noms qualificatifs, quand le cours d'eau est unique dans la contrée? L'équivoque n'étant pas possible, le terme générique possède à lui seul toute la valeur dénominative nécessaire.

Et d'abord ce petit mot latin *rivus* nous a fourni toute une floraison de dérivés aux formes les plus gracieuses. On a peine à compter tous les Riéu, les Riou, les Rui et les Rif qui descendent des contreforts des Alpes dauphinoises. Le bassin du Rhône en est plein. La langue romane du pays s'est approprié ce mot et s'est plu à le façonner de mille manières. Il y a les Rieusset et les Rival, les Rivail et les Réalon, et bien d'autres que nous verrons plus loin.

L'Aigue est la rivière qui baigne les murs de Nyons. L'Aiguais est son homonyme, qui coule dans le département de l'Isère. Eigastau est une grosse fontaine qui jaillit non loin d'Aigalier, dans le canton du Buis.

2° Les sources et les cours d'eau dont le nom est accompagné d'un adjectif sont assez nombreux en Dauphiné. Voici le Richaud, qui roule des eaux tièdes; le Ritord, qui déroule ses longs plis tortueux; le Ruidoux, remarquable par la placidité de son cours. Voici encore le Malrif, le Rieumau et le Malurier, ainsi nommés parce qu'ils se sont attiré souvent les malédictions de leurs voisins. Quant aux Rieussec, ces pauvres ruisseaux qui ont la mauvaise habitude de tarir lorsqu'on aurait grand besoin de leurs eaux, c'est presque dans tous les cantons qu'on rencontre leurs lits desséchés. Enfin, pour clore la série, nommons le Rioubourdoux, torrent fangeux, qui rappelle l'expression dauphinoise *bloudo*, vase, en italien *broda*.

En suivant le même ordre d'idées, le roman Aigue, *aqua*, nous fournit des composés analogues aux précédents : Aiguebelle, Bellelaigue, Aigueblanche et Grosse-Aigue sont des noms élogieux, sans doute bien mérités. Il faut en dire autant de l'Eidoches qui paraît venir de *aquæ dulces*, si je ne me trompe. Les Aiguemarse et les Aiguelaye ont cela de commun avec d'autres congénères, qu'ils étendent leur lit aux dépens des riverains, car les désinences *marse* et *laye* semblent se rattacher aux adjectifs latins *mersus* et *latus*. Tournège doit être un frère de Ritord, c'est à dire un ruisseau remarquable par ses tournants d'eau ou par ses capricieux méandres. Un nom singulier de rivière est celui de Niéregourzine, affluent de la Drôme; ce nom est un composé de *niger*, noir, et *gurges*, gouffre, et provient de ce fait que son lit profond passe par de sombres cavités au milieu des rochers.

3° Il nous reste maintenant à parler de la classe la plus intéressante des noms de rivières, empruntés au domaine roman. Cette classe ne renferme que des adjectifs passés à l'état de noms propres, par suite de la suppression du terme générique qui les accompagnait. Le même phénomène s'est produit pour la formation des noms d'hommes, parmi les-

quels on voit à profusion des Lebeau, des Legrand, des
Petit, des Blanc, des Boiteux, etc. C'est l'histoire de tant de
sobriquets faisant oublier les noms de famille, de tant de
surnoms pittoresques où le parler du moyen-âge montre à
nu toutes ses hardisses.

Voulez-vous des eaux pures et limpides ? vous aurez les
Claires et la Clarée, la Blanche et le Blanchon, sans oublier
le Cristillan, dont les ondes translucides font penser au
cristal.

Voulez-vous des ruisseaux tranquilles comme Baptiste ?
les Hautes-Alpes vous en fourniront une collection. Ce sont
les Moulettes, *mollis*, bien molles en comparaison des torrents du voisinage ; la Durmillouse, qui s'endort au fond de
la vallée ; la Pigerole, *piger*, dont l'allure modérée va jusqu'à la paresse, et le Lèoux, *levis*, qui promène doucement
le mince filet de ses eaux.

Voulez-vous enfin des courants impétueux, des rivières
mal notées pour la violence de leurs crues ? voici le Rabious,
rabidus ; c'est un enragé qui se jette dans la Durance. Voici
encore la Fure, le Furon, le Fouron et le Fouran, qui jouis-
sent d'une mauvaise réputation dans l'Isère. Ce sont des voleurs, *fur*, ou tout au moins des furieux.

Le Sonnant, près d'Uriage, doit être moins terrible ; il
se contente de faire du bruit avec ses eaux tumultueuses. La
Bonne, la Sane et la Malsane, sont ainsi appelées sans doute
à cause des propriétés plus ou moins justifiées qu'on a cru
reconnaître dans leurs eaux.

Permettez-moi de vous signaler aussi les Merdaric, les
Merdarel et les Cacarel, qui servent d'égouts collecteurs
sous les remparts de nos vieux villages. La langue crue des
anciens n'a pas ménagé ses dénominations rabelaisiennes.

Pour un ruisseau qui coule à l'ombre ou qui se précipite du versant nord d'une montagne, on a l'Ubaye, *opacus*.
S'il serpente au milieu des pommiers, il s'appellera Pomme-

rol; au milieu des hêtres, Fayn, *fagina;* parmi les saules, Sauzet; parmi les frênes, Freycinet; parmi les aunes, Vernaison. Le Crami, *calami,* comme son frère de Provence le Carami, doit son nom aux roseaux qui couvrent ses bords; la Bouchouse, le Bouchier, le Boscodon, se recommandent également aux poètes par leurs bocages enchanteurs.

Le règne animal a fourni aussi son contingent de noms de rivières. La Teyssonne, *taxo,* est le ruisseau des blaireaux; la Cerverette devait être hantée autrefois par les cerfs; la Chabrière fait supposer que les pâtres aiment à conduire leurs chèvres sur ses rives.

Quand le lit d'un cours d'eau est obstrué par les blocs de rochers, on lui donnera des noms tels que ceux-ci: Acles, Esclate, Claps, Clapouse et Peyronrout, dont l'étymologie se comprend sans peine. Enfin, lorsque la rivière change souvent de lit, on l'appellera tantôt la Muande, *mutabunda,* tantôt la Meyrosse, Marosse et Maraize, du roman *mairar,* en latin *migrare.* Le versant italien possède aussi la Maira, dont le nom paraît équivalent.

En dehors des diverses énumérations qui précèdent, il existe encore certains noms de rivières simples ou composés très faciles à expliquer. De ce nombre sont l'Establet, le Vallon, le Couleau, le Closlong, le Sayremont, et plusieurs autres qui tirent leur nom de quelque circonstance particulière. Mais ces noms fantaisistes n'offrent aucun intérêt de curiosité. Nous en faisons grâce à nos lecteurs, pressés que nous sommes d'entrer dans une région moins connue.

En résumé, les appellations romanes se trouvent réparties d'une façon à peu près égale dans les trois départements dauphinois; seulement les formes sont aussi variées que les zones. Ainsi, pour ne signaler que les variantes du *rivus* latin, il faut constater que les Rif sont pour les Hautes-Alpes, les Riou pour la Drôme et les Rui pour l'Isère.

II. — Noms Gaulois.

Dans notre promenade à travers les noms romans, nous sommes restés constamment au grand jour de la science facile. Bon gré mal gré, il faut maintenant se résigner à pénétrer dans les régions du clair-obscur. Mais, de grâce, n'ayez pas peur. Là-dedans nous rencontrerons de larges et réjouissantes éclaircies, et dans les coins les plus sombres nous aurons un fil d'Ariane et un flambeau à la main. Tenez pour certain que ces hypogées, comme je l'ai déjà dit, nous réservent plus d'une agréable surprise. Si étrangère que soit pour vous la langue celtique, ne vous en effarouchez pas; mince est la dose de connaissance qu'il en faut, car ce genre d'investigation n'exige qu'un peu de confiance aux auteurs qui ont étudié la matière, et un peu de patience pour collectionner les mots-racines. Avec cela en avant !

Tout d'abord, la logique nous autorise à penser qu'ici encore nous aurons affaire à des mots de trois catégories différentes : noms seuls, noms avec adjectifs, et adjectifs employés isolément. En d'autres termes, nous allons découvrir les types originaux sur lesquels a été formé le cliché néo-latin.

La coutume gauloise de personnifier les grands phénomènes de la nature a laissé des traces dans nos dialectes dauphinois, en ce qu'ils refusent généralement l'article aux noms de rivières. Pourquoi faut-il que les auteurs du cadastre, en transcrivant ces noms, se soient permis de les coiffer d'un appendice inutile dans le but de les naturaliser français?

Un autre fait digne de remarque au plus haut point, c'est la fréquence des terminaisons *anne* et *onne* dans la nomenclature de nos dénominations fluviales. La géographie des

Celtes affectionnait également cette désinence et les Commentaires de César nous en fournissent la preuve à chaque page, avec des noms de rivières tels que *Sequana, Matrona, Axona, Alauna, Drahonus, Carantonus,* etc.

Une dernière observation préliminaire, mais capitale celle-là : lorsque deux ou plusieurs cours d'eau portent des noms identiques, il y a de graves raisons de croire que ces noms ont une genèse commune. Le hasard seul ne suffirait pas à expliquer une coïncidence si souvent répétée. Par exemple, qui oserait dire que les formes similaires que nous rencontrerons en Bretagne et en Dauphiné soient purement accidentelles ? Le soutenir serait à mon avis un peu téméraire.

1. — Le Rhône

Commençons par Sa Majesté le Rhône, *a Jove principium*, et disons de suite que ce nom *Rhodanum,* suivant l'illustre Zeuss, est un simple dérivé de *roth*, radical exprimant l'idée de violence et d'impétuosité. Du reste, cette idée de course rapide a fourni de nombreuses dénominations. Il faut donc renoncer à l'étymologie de Pline et d'autres auteurs, qui faisaient venir *Rhodanum* de l'ancienne colonie rhodienne voisine de son embouchure. Il faut aussi rejeter la légende grecque du *fleuve des roses* donnée par Plutarque. Oh ! cette science, elle est impitoyable !

La forme provençale de ce nom est *Rose,* qui s'altère en *Roueis* dans le patois de la vallée de la Drôme. Ses formes équivalentes sont la Roanne, qui descend des pentes du mont Angèle ; la Roize et la Roisonne dans l'Isère, la Rosine dans les Hautes-Alpes, et très probablement aussi les composés Robion, Roubion et Romanche. A mon avis, Roboni signifie rivière torrentielle et se rattache à l'adjectif gaulois *byu, biu, bio,* dont le sens est : vif, alerte, emporté. Quant au mot Romanche, j'avoue que son second élément paraît assez obscur.

2. — *La Drome.*

Le radical qui a fourni le nom de cette rivière, *dur, dru, dour,* possède une famille très nombreuse et veut dire eau (1). Voici d'abord le Doron, frère du Douron, qui coule dans le Finistère, du Douro de l'Espagne et de l'Adour des Pyrénées. Voici encore la Doire, l'Adou et le Dolon, dans l'arrondissement de Vienne, sans oublier le petit Drouzet, tributaire du Buéch. La Durance, *Druentia,* et la Drome, *Druma,* ont la même provenance. Pour ce dernier mot, il faut savoir que la racine *dur* est l'équivalent de *durum,* qui est devenu *druma* par l'adjonction d'un suffixe féminin. A ce propos, nous ferons observer que l'accent circonflexe du mot Drôme est une faute contre l'étymologie et contre la prononciation locale. C'est sans doute l'analogie avec *dôme* qui aura fait commettre cette bévue des transcripteurs français. Nous en verrons bien d'autres. Finalement, la Drome est l'homonyme de l'Aigue, laquelle, à coup sûr, doit avoir porté un nom gaulois ayant la même signification. Ce nom perdu, semble avoir laissé sa trace dans *Arausio,* Orange, dont les murs sont baignés par l'Aigue : *ar ausio* serait tout bonnement pour *ad aquam,* car nous allons bientôt constater ce second terme sous la forme *auson.*

Un composé très authentique du même radical c'est

---

(1) Zeuss, *Gram. celt.,* p. 163 ; — Bell. *Gloss. gaul.,* n° 367.

Brudour, nom d'un ruisseau du Royans, qui se précipite avec fracas dans le gouffre des Scialets. Comparez *Brudour*, eau bruyante, avec le breton *lamdour*, eau jaillissante, cascade. Le Brutz est aussi une rivière de la Loire-Inférieure.

3. — L'Ouvèse.

Nous connaissons deux cours d'eau de ce nom, l'un dans la Drome et l'autre dans l'Ardèche. Si vous regardez ce mot attentivement, vous y verrez encore une expression toute gauloise, et j'ose dire sans froncer le sourcil, un dérivé du sanscrit *visa*, eau. Ce dernier, en effet, a donné *gwisg* et *uisge* aux dialectes celtiques, absolument identiques pour le sens. Plusieurs rivières du pays de Galles empruntent leurs noms à ce même radical, comme l'affirme Zeuss à la page 117 de sa *Gram. cell.* Vous connaissez la racine, voici maintenant les rameaux.

Permettez que je vous présente d'abord la Veuze, de la Valloire; la Veysanne, près de Dieulefit, et la Vésonne dans les environs de Vienne. Vasio, chez les Voconces, comme tant d'autres cités anciennes, portait le nom de la rivière qui l'arrose.

La forme gutturalisée est représentée par la Guisane, la Cuisse et peut-être aussi par le Guimand, dont la composition ajoute au nom du genre l'idée d'abondance : *mand = multus.*

A cette famille déjà très nombreuse, il convient de rattacher une série assez importante de rivières portant des noms tels que Ouson, Auson, Oson, Lauzon, Alouzon, Lausenche, Luzeran. Le Vivarais et le Comtat en fournissent une collection non moins considérable. L'incorporation de l'article est un fait normal dans tous nos idiomes, sous l'influence romane. N'en parlons pas.

Un autre spécimen intéressant, si je ne me trompe, c'est la Luye ou l'Uye, dont l'origine devient évidente lorsqu'on sait que le *g* et le *z* se vocalisent souvent en *y*.

A un degré aussi rapproché, nous trouvons une branche collatérale que le roman a fait sienne. Ici le *v* primitif s'est changé en *b* fort régulièrement, et la forme *ves*, contenue dans Ouvèse, Vésonne, Veysanne, a produit *bès*, qui est le nom d'un affluent de la Drome. Le Besson n'est qu'une forme diminutive du même nom, et Reynou semble signifier ruisseau ou canal neuf. Biez et Bief sont les correspondants français (1).

Du moule bas-latin est sorti *besale*, dont nous avons fait une quantité de Béal, Bial, Bialla, Béalière, Bielle, Biau et Béoux, semés aux quatre coins de notre Midi. Beaucoup de noms de lieux ont été empruntés à ce même radical : signalons en passant Bezaudun, Besayes et Besantie.

4. — *L'Isère.*

J'avoue que ce nom de rivière est très difficile à expliquer, au point de vue de notre philologie celtique. Le mieux est d'exposer tout simplement les comparaisons qui se présentent afin de mettre sur la voie les chercheurs plus entreprenants. Et d'abord, Belloguet rapproche *Isara* des noms de peuples *Isauri* de l'Asie-Mineure et *Isari* des bords du Gange. Eichoff et Pictet disent qu'en sanscrit *sarra* et *savara* signifient flux et rivière. Mais ne vaudrait-il pas mieux chercher l'étymologie en question dans l'union des deux termes

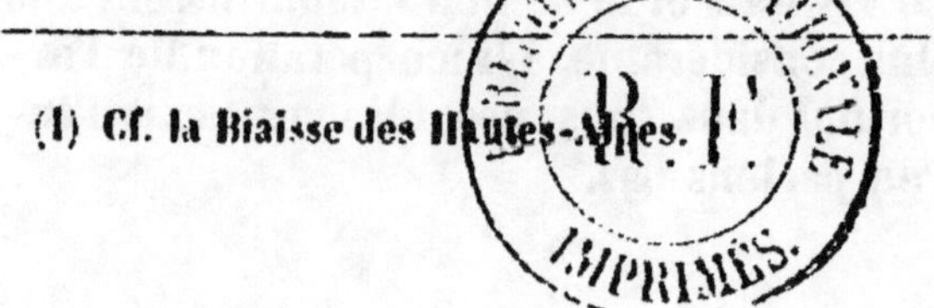

(1) Cf. la Biaisse des Hautes-Alpes.

sanscrits, *visa*, eau, et *ra*, aller, courir? L'apocope du *v* initial n'est pas une grosse difficulté, puisque nous en avons des exemples dans la nomenclature actuelle de la Bretagne. L'Isac coule dans la Loire-Inférieure et l'Isole est une petite rivière du Morbihan. Ce dernier mot a tout l'air d'être un synonyme du dauphinois *gandolo*, qui veut dire petit ruisseau. N'avançons pas davantage dans le brouillard des hypothèses.

5. — *La Bourne.*

Voici une charmante rivière, dont le nom s'offre à nous comme un chef de file des mieux constaté. Je vous présente en outre une Borne, qui verse ses eaux dans la Gervanne ; une autre Borne qui va grossir le Bèz, et si nous sortions du Dauphiné, je pourrais vous nommer un certain nombre de rivières tout à fait identiques par le nom. Il y en a en Vivarais, en Velay et jusqu'en Allemagne. Ceci est encore un nom commun signifiant eau, car le gaël nous fournit *Burne* et le tudesque *Brun* avec le même sens. Je vous offre, 2° le Bournieux, cousin germain et synonyme du Fontainieux, alimentés l'un et l'autre par des sources abondantes dans le Diois. Je vous prie de compter enfin, tant de rejetons, tant de rameaux sortis de la même racine. Et de fait, ce modeste radical *born* ou *bron* a dû jouir dans le temps d'un pouvoir prolifique extraordinaire, puisqu'il nous a laissé un peu partout des survivants de sa race.

Par voie de composition, il a donné le jour à notre gracieux Jabron, lequel possède un frère dans les Hautes-Alpes et un autre dans le Var. L'Ebron de l'Isère nous rappelle un petit fleuve de Palestine, mais sans avoir aucun lien de parenté avec lui. Un composé curieux par sa forme hybride c'est Aiguebrun, nom d'un ruisseau de Vaucluse, fournissant une de ces expressions tautologiques dont nous avons parlé, et jouant le rôle d'équation ou d'inscription bilingue.

Tous ces mots nous font souvenir de la grande fontaine Bebrònna, de St-Rambert en Bugey ; de la Bèbre, qui coule dans le Bourbonnais ; des nombreux Aber du pays breton et des Vabres de la Provence. Rangeons encore à la file notre Vèbre, des environs de Crest, avec sa sœur la Bièvre, d'Aouste.

Mais ce n'est pas fini. Parfois le *b* du radical s'est vocalisé en *u* (*u*=*ou*) : Vèbre devient Veoure, nom que porte la rivière qui baigne les murs de Chabeuil, et Vabre par une mutation semblable se change en Vaure, terme qui désigne le déversoir des terrains marécageux d'Allex.

Combiné avec l'article roman, le radical dont il s'agit produit une génération nouvelle. C'est l'Ivery ou Livery, parent de bon aloi du breton Leverin ; c'est la Lioure ou l'Ioure, nom de ruisseau à double exemplaire dans la Drôme ; c'est peut-être aussi Livron, l'ancienne *Libero*, en dauphinois Liouron, si toutefois ce mot ne vient pas de *libra*, en raison de la livre qui pouvait être exigée à son antique péage.

La Berre et la Vierre doivent aussi avoir leur place dans cette famille en compagnie du Béranger, sans fermer la porte à notre expression patoise *brounsoun*. Ce dernier mot est un débris des plus vénérables que la langue gauloise nous ait laissés après deux mille ans. Il signifie téton et mamelle de cruche ou de fontaine (1).

---

(1) Zeus. *Gr. Cell.*, p. 292 ; — Pictet, *Affinité des langues celtiques avec le sanscrit*, p. 53 ; — Belloguet, *Glos. gaul.*, p. 213.

6. — *L'Oron.*

Saluez maintenant l'Oron de la Valloire. Tel que vous le voyez, ce ruisselet est un noble *di primo cartello* dont le nom remonte à Homère et au siége de Troie. Vous le trouverez écrit en toutes lettres dans le dictionnaire d'Alexandre : et de fait, le grec ουρον signifie eau, comme le basque et le persan *ura*, comme le latin *urina*, sauf votre respect, comme l'irlandais *uaran* (1).

L'Oron possède une lignée nombreuse dans tout le domaine de la langue d'oc. Il y a l'Ourron des Basses-Pyrénées, l'Aurenc du Béarn et l'Auroue des environs de Lectoure. Combiné avec l'article, il devient Loron ou Lauron, qui en Provence est un nom commun réservé aux sources abondantes. Pour ma part, j'en connais deux qui jaillissent aux pieds du Ventoux, l'une à Pierrelongue (Drôme) et l'autre au nord de Caromb (Vaucluse). La forme diminutive n'est pas moins répandue, et les *Aurcolum* du bas-latin se retrouvent dans la fontaine d'Aurel près de Crest, et dans une quantité de Loriol et d'Auriol, noms de lieux et de ruisseaux du bassin rhodanien. Faire dériver Loriol du nom de l'oiseau appelé loriot, sous prétexte qu'il se trouve dans les armoiries de ce pays, c'est faire de l'étymologie fantaisiste, car un pays existe et possède un nom avant d'être doté d'un blason. En ce qui concerne notre Loriol (Drôme), ce mode de dérivation est inadmissible puisque les armoiries lui manquent totalement, d'autant plus qu'il est traversé par un ruisseau appelé Riail, *rivulus*, frère puîné d'*Aurcolum.*

---

(1) Anciennement *ura* était le nom d'une fontaine de Lyon ainsi que d'une rivière dont les eaux étaient portées par le pont du Gard à la ville de Nimes. (Belloguet, p. 154 ; Boissieu, p. 49.)

Les autres membres de la famille sont la Luire, que le Vercors voit naître et mourir ; la Galaure, dont le nom parait signifier à juste raison charmante rivière, du radical *wal* et *gal*, plaisir (1). Notez ceci en preuve, c'est qu'elle prend sa source près de Roybon, *rivus bonus*. La Valloire elle-même et son homonyme Valaurie pourraient bien emprunter leur nom à la même racine. Enfin le Toulourenc, vraisemblablement aussi descend en droite ligne du primitif *ouron* en compagnie d'un préfixe *toul*. Ce dernier a le sens de gorge, défilé, et se rattache pour sûr aux formes celtiques *toll*, cavité, *tolladh*, perforant.

7. — *Le Menon.*

De la racine inconnue d'où est sorti le vers latin *manare*, couler, nous avons tiré les noms d'une foule de ruisseaux ou de rivières : c'est le Menon, affluent de l'Ouvèse, près du Buis ; le Vermenon, non loin de Montélimar ; le Domenon *(dor-menon)*, au-dessus de Grenoble, et le Mannival, son voisin rapproché. Il faut citer aussi la grande fontaine de Mane, qui va se perdre dans la Bourne, en amont de St-Nazaire-en-Royans ; la Meyne, qui baigne les murs d'Orange, et finalement la Maine et la Moine, qui arrosent la Bretagne.

8. — *Le Gas.*

Un singulier ruisseau que celui-là ! Trois fois depuis

---

(1) Cf. son voisin et affluent le Galaveyson.

sa source jusqu'à son embouchure il change de nom, comme
un malfaiteur qui veut dépister la police. Ses consanguins
du Dauphiné sont le Gua, torrent et cascade dans les Hautes-
Alpes; plusieurs autres ruisseaux de l'arrondissement de
Vienne, ainsi que la Véga ou rivière de Septème. L'étymologie de ce mot peut se rattacher à celle du français *gué*,
latin *vadum*. Pictet donne au sanscrit *gas* la signification de
couler, radical que nous retrouvons dans l'irlandais *gais*,
torrent, dans notre *Sulgas*, la Sorgue de Vaucluse.

9. — *La Gère.*

Tout en faisant la fortune des industriels viennois, ce
cours d'eau n'a pas eu le don, paraît-il, de charmer toujours les oreilles délicates de ses riverains, car ils lui ont
donné un nom qui signifie retentissant et criard. Au risque
d'être pris en flagrant délit d'érudition abusive, je vous dirai
que le radical *gar*, avec ses variantes *ger* et *gir*, a poussé de
fertiles rejetons dans tout le système indo-européen : sanscrit, *gar*, crier; grec, γηρύω; latin, *garrio*; slave, *girru*;
allemand, *girre* (1). Le celtique lui aussi nous en fournit un
échantillon dans son substantif *geri*, cri, voix.

Chose à noter, la rivière d'Uriage appelée anciennement
Gera, porte aujourd'hui le nom de Sonnant, expression qui
traduit à coup sûr le terme gaulois devenu inintelligible.

Les parents dauphinois de la Gère sont le Germe, qui
sort des Cuves de Sassenage; la Gervanne, qui traverse les
gorges d'Omblèse; la Grimone, qui descend du col du même

---

(1) Eichoff, *Parallèle des langues indo-européennes*, p. 305.

nom, et enfin la Gyronde, qui se forme par la jonction du
Gyr et de l'Onde dans les Hautes-Alpes. Voyez-vous la pré-
tention de ce maigre ruisseau ; n'ose-t-il pas s'arroger le
même titre nobiliaire que le grand fleuve bordelais? Quant
au Guiers, *mort* ou *vif*, je suis porté à voir dans son nom
l'adjectif gaulois *gwer*, verd, frais, pur.

10. — La Save.

De tout temps certaines eaux ont passé pour avoir
des propriétés curatives : la Save, près de Morestel, la Sa-
vasse, près de Romans, la Sauve et la Saveine, se trouvent
dans ce cas et tirent leur nom d'un mot primitif apparenté
avec l'irlandais *sabh*, baume, remède. Le Danube a un de
ses affluents de droite qui s'appelle la Save. La Sabis était
une rivière de la Gaule, au rapport de Pline, et il y en avait
une autre du même nom en Caramanie. En remontant à la
souche commune des idiomes aryas, le radical *saiv*, aider,
soulager, s'offre à nous comme le générateur de tous ces
différents noms.

11. — La Navette.

Inutile de prévenir que ce mot n'a rien de commun
avec l'outil du tisserand, dont le mouvement rapide est devenu le symbole de la vie humaine. La Navette n'est qu'un
pauvre torrent des Alpes, sans autre parent consanguin que
l'Esconnavette, affluent de la Drôme. Probablement son nom
se rattache au breton *naoz*, canal, vieux français, *noé*, ruisseau, qui lui-même descend en droite ligne du primitif

sanscrit *snavas*, écoulement. Le nom du village de Barnave serait aussi un membre de cette peu nombreuse famille, pour quelque raison à moi inconnue. En gaulois *bar* signifie hauteur, rocher. Barsac et Charsac veulent dire tous deux sommet aride.

III. — Noms divers.

Nous en avons fini avec les noms groupés en familles nombreuses. Ceux que nous allons examiner maintenant sont plus ou moins isolés sur notre territoire dauphinois. Quelques-uns même sont uniques de leur espèce ; mais il est bon d'ajouter que cet isolement n'enlève rien à la certitude de leur étymologie. Les auteurs anciens, ainsi que la géographie bretonne, nous fournissent à ce sujet les plus précieux renseignements.

Le Nant et l'Ainan, du département de l'Isère, nous rappellent le Nandy, de la Loire-Inférieure, et l'Ynam, du Morbihan. Un Glossaire gaulois du ix* siècle contient ces deux noms de rivières sous la forme de *Nanto*, vallée, et *Anam*, marais (1). Dans la Suisse française, dans la Savoie et la partie du département de l'Isère limitrophe, Nant est un nom commun qui sert à désigner les torrents, les cascades et quelquefois les vallons (2).

L'Amby n'est autre chose que l'Ambe, qui figure dans le même Glossaire, avec le sens de ruisseau. Ambérieux serait un terme tautologique, si son premier élément ne provenait pas du latin *ambo*, deux.

La Brive, affluent du Jabron, est un homonyme très authentique d'une quantité de noms de rivières et de lieux de la Gaule qu'il serait trop long de citer ici. D'après Zeuss et Endlicher, *briva* et son diminutif *brio* signifient pont. Le

---

(1) Endlicher, *De nominibus gallicis*, 8° et 9° alinéa.

(2) Rochas, *Noms des Lieux-dits en Dauphiné*, Congrès arch. de Vienne. 1879, p. 460.

Soubrion, qui se perd dans le Roubion, est le ruisseau passant sous le pont. Voyez-vous cela, comme c'est extraordinaire! Pont de Brieu, au Buis, est encore une expression tautologique dont les deux termes se traduisent mutuellement.

Le Tier, déversoir du lac d'Aiguebellette, porte le même nom que plusieurs rivières de Bretagne, telles que le Steir-Gos, l'Etier de Gouloine, l'Etier de Buzay, etc. Que signifie ce mot? Il m'est impossible de le dire (1).

Un cours d'eau pittoresque et enchanteur, c'est la Lyonne. Elle prend sa source au-dessus de Bouvantes et passe à St-Jean-en-Royans. Ce nom ne rappelle pas trop mal le fauve du désert, d'autant mieux que son tributaire de gauche se nomme le Léoncel, qui semble faire l'office du lionceau; mais ce ne sont là que des apparences. Lyonne doit être rapprochée de l'*Onno flumen*, mentionné par Endlicher, de l'*Avonn*, eau, ou bien de l'*Aûn*, profond, l'un et l'autre appartenant au dialecte armoricain. Le nom *launa* désigne les branches du Rhône. Quant au Léoncel, son nom, comme celui de l'Aucelon, me paraît dérivé de l'adjectif *uchel*, *ughel*, haut, des idiomes celtiques. Sous la forme *uxel* il se retrouve souvent dans la topographie ancienne.

La Siarre, la Sarenne, le Sarzier, sont évidemment apparentés à la Sarre du Morbihan et au Saravus des Gaulois. L'Eicharavelle, de Pierrelatte, rentre dans la même série et se rapproche mieux de l'irlandais *srabh* et du sanscrit *srava*, torrent.

Voici le Bentrix : de race royale celui-là, puisque son

---

(1) On pourrait cependant y voir un dérivé du latin *æstuarium*, estuaire.

nom est composé de *benl*, élévation, et de *rix*, roi. Les composés de ce genre ne sont pas rares dans l'ancienne langue. Nous citerons entr'autres Albiorix, roi de la montagne, surnom donné à l'une des divinités topiques chez les Voconces, et Toutiorix, roi du peuple, attribué également à un dieu que l'on croit être Apollon (1). Les noms d'hommes dotés du suffixe *rix* sont également nombreux; on connaît les Orgétorix, les Ambiorix, les Vercingétorix, etc. Au même radical sont empruntés les noms du Bens, dans l'Isère, et du Bancel, dans la Drôme. La Vence et la Vance sont des produits *ejusdem farinæ*. Pour ce qui regarde la Bine, rapprochez-la du vocable *ben, bein*, montagne. Enfin la géographie de l'Inde nous offre deux cours d'eau à peu près similaires : le Bindas et le Benda.

J'ai de bonnes références à vous donner sur le compte de la Sure, qui tombe dans la Drôme au pied du rocher de Ste-Croix. Elle possède dans sa parenté la *Sura*, rivière de la Gaule, d'après Ausonne, la *Sura amnis* des Gloses Molbergiques, le *Surius* de la Colchide, et le nom commun irlandais *suire*, qui a le sens d'eau et de rivière et qui dérive, d'après Pictet, du sanscrit *svara*.

L'idée de rivière charmante est exprimée par le nom du Boidans, qui coule dans le Diois, et du Baudon, qui se perd dans l'Aigues, tous les deux tirés d'un radical *bod*, plaisant, agréable. Il faut dire cependant qu'en kymrique *bodi* veut dire noyer et submerger, et qu'en arménien *boden* désigne un bosquet, un bouquet d'arbres. Il y a là de quoi choisir.

La Lidane ne présente pas la même incertitude. Tout bon celtiste vous dira que ce mot est un dérivé, ou plutôt

______

(1) Belloguet, p. 390; — F. Vallentin, *Divinités indigètes du Vocontium*, p. 38.

une simple variante de *Litana*, la vaste forêt du pays des
Boïens dont parle Tite Live (xxiii-24). Et de fait *litan, llydan,
lhean* sont des synonymes du latin *latus*. On peut aussi rattacher à ce radical le nom de la Leyne, qui passe à Condillac.
A moins de l'attribuer au breton *lenn*, étang, marais ; ce qui
paraît plus sûr que d'en chercher l'origine dans la mythologie et jusque dans le nom de la belle Hélène. Encore une
pauvre petite légende qu'il faut sacrifier !

Que vous dirai-je de l'Olle, de l'Oule et de l'Oulette,
sinon que leur étymologie doit être cherchée dans le tudesque *hol*, trou, creux, excavation ?

A la même source germanique il faut rapporter la
Gaude des Baronnies, et son cousin l'hybride Gaudissart,
méchant torrent du Diois. Ce sont des synonymes de Boscodon et de la Bouchouse. Car l'allemand *wald* et le vieux
français *gaude* signifient forêt et bocage et quelquefois lande.
Le terme Gaudissart est fréquent dans la contrée comme
nom de quartier et s'applique aux terres défrichées : issart
= *exaratus* (1).

Puisque nous sommes sortis de l'élément celtique, n'y
rentrons pas sans avoir signalé le Pègue, qui a donné son
nom à un petit village près de Valréas. Ce mot est du grec de
bonne provenance, car je me souviens que Lancelot, avec ses
assommantes racines grecques, nous enfonçait πηγή comme
un clou dans la tête, pour nous rappeler eau, source, fontaine.

La Drevenne, comme la Gaude, fait allusion aux arbres
qui couvrent ses bords. *Dervo, derven* et *derf* sont les noms

---

(1) Diez, *Etymologies romanes* ; — *Patois du Queyras*, par MM. de
Rochas et Chabrand.

du chêne en kymris et en breton. Comparez la rivière *Deruventio* de Bède, aujourd'hui le *Derwent*, du comté d'York, ainsi que le *Dervensio saltus*, une des anciennes forêts de la Champagne. Signalons également le Drave, tributaire du Danube.

Le Trebou est peut-être un dérivé de la racine précédente par suite des mutations normales $d = t$ et $v = b$. On peut aussi voir dans ce mot le roman *treboul*, trouble, ou bien un composé gaulois indiquant la réunion de trois ruisseaux, *tre*, trois, *poul*, creux. Le Tréluchon, du Morbihan, présente le même sens avec composition analogue. Où se trouve la véritable étymologie? C'est difficile à décider.

La Lancelle et le torrent d'Ancelle doivent très certainement leur nom au même radical *ank*, *ang*, que nous retrouvons dans tous les idiomes du monde aryas, exprimant les mille variantes de ce qui est étroit, resserré et petit. Dans le cas présent, c'est le mince filet d'eau qui se déroule et serpente à travers champs. Les rapprochements sont trop nombreux et trop faciles pour s'y arrêter.

Qu'est-ce que la Cumane, qui arrose St-Marcellin? Est-ce la rivière dont l'écume jaillit au loin en bouillonnant dans les rochers? C'est fort possible. Alors ce serait un nom roman. Ne serait-ce pas plutôt le celtique *Kumhann*, auquel Belloguet donne le sens d'étroit? On est en droit de le supposer avec quelque probabilité.

Pour le ruisseau de Dubon, qui se jette dans le Buech, je ne vois pas d'autre étymologie que *du* et *dubh*, noir, donné par Willam Edward dans ses *Recherches sur les langues celtiques*. En irlandais, *dobhar* signifie tout à la fois obscur et eau.

Pour le Lez, son nom exprime l'idée de limite, comme

le breton *les* et *lezen*, bord, lisière. Son homonyme du genre féminin se trouve dans Vaucluse, c'est la Lèze. Le Cison doit rendre aussi une idée pareille, car dans l'Isère le mot *cise* veut dire haie et clôture.

Le Drac rappelle le *Drahonus*, cité par Belloguet, et semble se rattacher au radical *droch, drouk*, qui est le terme usuel dans les langues celtiques pour dire mauvais. On pourrait cependant invoquer ici le tudesque *drek*, dont le sens de résidu, boue, ordure, s'accorde parfaitement avec le trouble habituel des eaux du Drac. Dans tous les cas, il y a dans ce nom une expression péjorative bien accentuée.

Voici le Boulc, c'est à dire le ruisseau alerte et éveillé qui arrose un coin du Diois. Le roman *boulegar*, le français *bouger*, l'italien *bulicare*, l'irlandais *folg*, le sanscrit *boul*, ouf! que de citations! sont de la même famille et impliquent tous l'idée de mouvement et d'agitation. Il pourrait bien se faire que la Boulogne de la Loire-Inférieure fût une sœur de notre Boulc.

Le Merleret est le ruisseau marneux traversant des bancs d'argile, car son nom vient du gaulois *marg* ou *marl*, qui signifie marne et terre glaise. En vieux français, *marle* et *marne* avaient la même signification. Comparez le Marle du Morbihan.

Le Gleyzin exprime peut-être une idée semblable, avec indication de couleur bleue. Vous trouvez, en effet, *glas* ou *glais* dans plusieurs dialectes néo-celtiques, et Zeuss donne le sens de glauque, vert, à ce radical. En Dauphiné, les couches argileuses sont généralement teintes en bleu clair. Pline (xvii, 4) parle d'une marne mêlée de terre grasse et lui donne le nom de *glisomarga*. C'était en Gaule un excellent engrais pour les prés.

La Gresse, qui passe à Vif, est le torrent impétueux bondissant sur des masses de rochers entassés sur ses grèves. Son nom lui convient bien, puisqu'il a pour équivalent le français *grès*, le breton *krag*, le gallois *careg*, l'irlandais *caraice*, qui signifient tous pierre dure et rocher. Le Crévoux remonte à la même souche.

La Braille, elle, est encombrée par la vase et par la boue. Servant de dégorgeoir aux marais de Morestel, elle y parvient avec beaucoup de peine, faute de pente. Ducange vous dira qu'en bas-latin *braium* veut dire fange, et qu'en vieux français *bray* entre dans la composition d'un grand nombre de noms de lieux. Du reste, c'est du celtique tout pur, au dire de M. Chevallet (*Origine de la langue française,* vol. I, p. 217).

Avec le Breda, qui passe à Allevard, nous revenons aux appellations malsonnantes, représentées en roman par les Merdaric et les Cacarel. *Horresco referens!* Que vont en penser les illustres baigneurs de cette station thermale? Qu'importe! sans périphrase, le celtique *breinder* signifie matière en décomposition, et le dauphinois *breide* désigne trivialement l'urine. Le français *bréneux*, lui aussi, appartient à cette peu noble famille. Il est impossible de traduire ce terme en beau langage. Elle aussi, la Morge de Voiron, est une rivière à immondices, du gaulois *murka*, ordure.

Saluons maintenant la Chatusse, un affluent de l'Aigues au-dessus de Nyons. Son nom paraît sorti d'un radical gaulois, *cat*, lutte, combat, qui se retrouve dans une foule de noms anciens, tels que *Caturiges, Catuvellauni, Catu… va.* Une inscription gauloise contient le mot *Catussa* en toutes lettres, et l'Itinéraire d'Antonin mentionne un certain lieu appelé *Catusiacum.* Citons aussi Catusse et Chatusange, deux villages de l'Aveyron et de la Drôme.

Le Ronchet est l'équivalent du Sonnant et de la Gère. C'est le ruisseau qui ronfle et se fait entendre au loin, comme l'indique son nom, emprunté au celtique *rhrunc*, ronflement. La Druis, cascade de la Gervanne, exprime la même idée que le vieux français *druge*, le breton *trous*, et signifie bruit, tapage, vacarme.

CONCLUSION

En consultant la topographie de chaque commune, on pourrait facilement augmenter encore la liste de ces noms de rivières. Il serait bon sans doute de signaler un à un tous ces précieux vestiges de l'antique idiome gaulois, mais la force de notre démonstration n'en serait pas notablement accrue. C'est de l'ensemble de ces diverses similitudes, plus que de l'exactitude absolue de chacune d'elles, qu'il faut apprécier la réalité et l'importance de l'élément celtique conservé en Dauphiné. Quelques noms se sont maintenus intacts jusqu'à nos jours, comme ces figulines que l'on retrouve dans les anciens tombeaux, toutes resplendissantes de leur émail primitif. Tels sont : la Brive, le Nant, le Nandy, l'Aman, l'Ebron, la Gère, la Save, l'Amby, le Doron, l'Oron, la Bourne, la Vèbre, etc. Quant aux autres, on a pu voir que, si altérées que soient leurs formes, il n'y a pas de témérité à les rattacher à un ou plusieurs radicaux gaulois. Ces radicaux sont diversement répartis sur le territoire delphinal, et chaque département semble manifester certaines préférences.

Ainsi, dans la Drôme, les Oson, les Oron, avec leurs dérivés, sont plus nombreux qu'ailleurs et ne remontent guère au-dessus de la Valloire. Par contre, les Nant et les Gère sont plus fréquents vers la partie haute du Dauphiné. De même le radical *bron* semble très rare dans le bassin de la Durance : le Geoberney est le seul dérivé que nous lui connaissions. La Fare, habitation, est un nom de lieu d'origine germanique, qui est devenu celui de plusieurs rivières ou torrents des Hautes-Alpes.

Mais il serait prématuré de vouloir établir dès à pré-

sent une classification topographique de toutes les étymologies que nous avons données. Il y a là un problème dont
la solution exige de plus amples recherches. Pour compléter
les données acquises, il nous manque encore les noms des
montagnes et des *lieux-dits*. Déjà, sur ce dernier point, nous
avons un travail considérable de M. le baron de Coston en ce
qui concerne le département de la Drôme. Nous avons également des études partielles pour l'Isère et les Hautes-Alpes,
publiées par M. de Rochas et le docteur Chabrant. En conti-
nuant ces investigations philologiques sur l'ensemble du
territoire dauphinois, il sera possible un jour de dresser une
carte de notre province et d'y marquer par des teintes la
prédominance particulière des éléments gaulois, roman,
grec et tudesque. La linguistique ne sera pas la seule science
qui bénéficiera de cette œuvre comparative; l'histoire elle-
même et l'ethnologie y puiseront des renseignements utiles
relativement à la distribution des races sur notre sol.

MYTHOLOGIE

DAUPHINOISE

———❖———

MYTHOLOGIE DAUPHINOISE

Étudiée dans son ensemble, la mythologie est une matière usée jusqu'à la corde. Aussi me garderai-je bien d'en faire le sujet de mon travail après tant d'auteurs qui semblent y avoir épuisé toutes les ressources de l'érudition. Le but de ces notes est beaucoup plus modeste : il ne vise que quelques légendes éparses dans notre province du Dauphiné. Et encore, tout en rétrécissant mon point de vue, je ne suis pas sûr d'éviter les redites, pas sûr non plus de contenter les amateurs friands de ces sortes de choses. Je vais essayer, quand même, de raconter ce que je n'ai lu dans aucun livre; quitte à passer ensuite pour un diseur de rangaïnes.

Le christianisme ne fit point table rase en s'établissant sur les ruines du culte druidique et du polythéisme romain. Nombre de superstitions païennes se maintinrent parmi le peuple, malgré les sages proscriptions de l'Eglise. Les écrivains ecclésiastiques du temps nous fournissent de nombreux exemples de cette persistance invétérée. Sulpice Sévère, dans la *Vie de St Martin de Tours*, parle d'un *pagus* où le bienheureux fit un éclatant miracle pour extirper le culte idolâtrique rendu à un grand chêne par les habitants. Au moyen âge, ce vieux levain de paganisme fermentait toujours; seulement les noms étaient changés. L'Hercule grec était devenu Gargantua avec la goinfrerie en plus. Les nym-

PAGINATION DECALEE

phes avaient fait place aux fates ou fées, génies aussi aimables que puissants. Les terribles *Dusi*, dont parle St Augustin (1), avaient perdu beaucoup de leur férocité lascive en devenant des sylphes, des lutins et des farfadets. Il y eut alors comme une espèce de renouveau pour ces fables et croyances populaires qui font hanter les maisons, les champs, les routes, les fontaines et les montagnes par des esprits bons ou mauvais.

Aujourd'hui encore, malgré notre siècle blindé de scepticisme, l'imagination du vulgaire n'est pas entièrement débarrassée de ces contrefaçons des pénates, des dryades et des satyres classiques.

Sous ce rapport, le Dauphiné est, je crois, resté en avance de plusieurs longueurs sur les contrées voisines. Voici la liste des génies malfaisants de la seule vallée de la Drôme avec leurs noms en patois local. J'entreprendrai de faire connaître les diverses fonctions que leur attribue l'ignorance.

LA TRÉVO

C'est le fantôme nocturne qui hante les maisons inhabitées, les vieilles tours et les *chasals* en ruines. Il se distingue des *revenants*, comme chez les Romains les *ombres* se distinguaient des *larves* et des *lémures*. La *Trévo* n'est point l'âme d'un parent ou d'un ami retournant sur la terre pour tourmenter ses proches, c'est le génie tapageur occupé à effrayer les hommes par toute espèce de bruit et de vacarme. Ses apparitions sont très rares; mais on l'entend très souvent,

---

(1) *Cité de Dieu*, liv. XV-23; — Isid. de Sév., *Origines*, VIII, II.

au dire des esprits faibles ou des cerveaux malades qui
croient à ces fables comme à parole d'Evangile. La Provence
connaît aussi ce spectre et lui donne le même nom.

> Passon ; e, de tressusour trempe,
> Li tres mourtau senton si tempe
> Ventoula, bacela de l'alo di *Trevan*,
> Coumo un glas pelado e jalèbro.
>
> (*Mireille*, chant VI.)

Si les lecteurs de ces pages ne m'ont pas gardé rancune
de mes recherches linguistiques sur les noms de rivières en
Dauphiné, qu'ils veuillent me permettre d'aborder encore
ce genre d'investigation. Et d'abord, gardons-nous de faire
de l'étymologie comme on la fait en province, car il paraît
qu'aujourd'hui l'estampille de Paris est absolument nécessaire pour traiter correctement la science du langage. Ainsi
n'allons pas avancer que *Trèvo* se rattache au grec ταρϐος,
épouvantail, fantôme ; à l'espagnol *trasgo*, lutin ; aux *triviœ*,
déités celtiques, etc. La véritable étymologie n'est point là ;
elle se trouve dans le verbe roman *trevar*, qui signifie hanter, fréquenter, et dès lors la *Trèvo* n'est pas autre chose que
la hanteuse. En bas latin, *treva* a le sens de *commercium* et
de *fœdus*, qui nous conduit tout naturellement au mot français *trève*, suspension d'armes convenue entre deux Etats
ennemis ou deux armées en présence. Mais ici, on le voit,
nous sommes à cent lieues de l'idée de fantôme. On dirait
même que nous touchons à une signification tout opposée.
D'une part, en effet, c'est le calme et la tranquillité, et de
l'autre c'est l'importunité d'un bruit infernal. Etrange des-
tinée des mots ! Quelle est donc la racine authentique de ces
deux termes d'acceptions si différentes? Cherchons-la dans
le tudesque *triwa*, foi, alliance, lequel, en vertu de la filia-

tion des idées, a dû signifier la fréquentation ou l'action de hanter soit les lieux, soit les personnes.

Chose étonnante, ce mot a tellement pénétré dans le langage populaire, qu'il a donné naissance à une acception spéciale du verbe *trevar*. Par exemple, si je dis, en parlant d'une maison, *li trèvo*, cela signifie que, dans cette maison, on entend des bruits mystérieux et qu'elle est hantée par les spectres. On se la montre au doigt, et le soir, s'il faut passer sous ses fenêtres, on se sent un frisson par tout le corps. Les méfaits de la *Trèvo* sont ceux de tous les revenants; et en Dauphiné comme ailleurs la crédulité n'a rien inventé de neuf. Avec l'histoire de *Gros-de-Pun* et du *Grand-Jalhant*, les exploits de la *Trèvo* fournissaient une matière inépuisable aux récits des longues soirées d'hiver. J'ai décrit autre part ce qu'étaient en certains endroits ces grandes veillées, quand venaient les petits jours et la saison des frimas. Quinze ou vingt ménagères se réunissaient dans une pièce voûtée, en forme de cave. Chacune d'elles apportait sa quenouille, son fuseau ou son *tournet* à filer, sans oublier le traditionnel *couvet* plein de braise et soigneusement recouvert de cendre. Toutes apportaient aussi une ample cueillette de nouvelles et un sac bondé de sornettes. Rangées en cercle autour d'un unique lampion suspendu par un roseau, vous eussiez dit une réunion de sorcières. Dans cette caverne, à la clarté de cette lumière blafarde, les légendes de la *Trève* racontées par une vieille avaient quelque chose de terrifiant.

Je me souviens entre autres, d'une histoire de noce passablement lugubre. C'était à la campagne et pendant la nuit; après le festin nuptial, au beau milieu des chants de l'épithalame, tout à coup un bruit épouvantable se fit entendre dans le haut de la maison. Deux convives montèrent aux combles et ne redescendirent pas. Deux autres se levèrent aussi de table et ne revinrent pas non plus; mais le vacarme allait toujours grandissant. A la fin, la salle se vida peu à peu et il ne resta plus que les deux *novi*, pâles comme une touaille blanche. Allons voir, se dirent-ils. Ce qu'ils virent les glaça de terreur ; une longue suite de corps étaient là gisants sur les degrés de l'escalier et dans le corridor. A cette vue, ils reculent d'effroi. Hors d'eux-mêmes et se croyant poursuivis, ils se mettent à fuir vers les bords du Rhône. Les convives renversés par terre revinrent à la vie, mais les époux infortunés tombèrent dans le fleuve et se noyèrent. On n'en parla plus qu'avec épouvante.

D'autres fois, le fait légendaire se passait dans la sombre tour de Crest ou dans les murs de sa petite sœur la tour de Livron. Voyez cette dernière à votre gauche au sommet du coteau de Brezème, en suivant le chemin de fer près de la Drôme. Il fut un temps où les bûcherons et les pâtres attardés le soir, ne longeaient jamais l'étroit sentier de la tour sans être saisis par la peur. Et certes qui n'aurait pas été effrayé ? Du milieu de ces ruines couvertes de halliers, n'avait-on pas entendu sortir comme un bruit de fusillade et de soldats combattants ? N'était-ce pas l'écho lointain du siège de Livron, répété après deux siècles par ce donjon solitaire ? Le doute n'était pas possible.

Parfois encore le conte de la veillée s'éloignait beaucoup du mythe enjolivé à plaisir. A preuve, l'histoire de ce vieillard que j'ai connu dans mon enfance et qu'on se montrait du doigt en l'appelant la *Trèvo*. Il paraît que son père, vieil harpagon s'il en fut, lui refusait la moindre pièce d'argent pour ses plaisirs de jeunesse. Que fit le libertin ? Il fit la *Trève* dans la maison paternelle, jusqu'à ce qu'il parvînt à vaincre l'avare, un peu simple probablement. L'argent sortit de la *saquette* et le tapage nocturne cessa pour toujours. J'avoue que cet événement ainsi raconté m'ouvrait les yeux et me rendait tout à fait incrédule à l'endroit des autres faits pareils ou analogues. Si bien que de bonne heure je pensai qu'un solide verrou aux portes, un peu de mort-aux-rats dans les galetas et surtout un bon révolver sous l'oreiller, devaient suffire pour dissiper toutes les fantasmagories de la *Trèvo*.

LOU JAVANÈ

De même que dans l'art cynégétique on distingue le gibier à poil et le gibier à plume, pareillement, en mythologie vulgaire, il faut savoir qu'il existe des génies à fourrure, tels que le Loup-Garou, et des génies volatiles, comme le *Javanè* dont nous avons à parler.

Le *Javanè*, ainsi qu'on l'admet à Die, Crest, Loriol, est encore, à l'instar de la *Trèvo*, un épouvantail de nuit. C'est le lutin moqueur et agaçant ; c'est l'esprit malicieux qui se plaît à effrayer le voyageur cheminant dans l'ombre à travers les bois de la montagne ou le long des sentiers écartés de la plaine. Souvent il prend la forme d'un grand hibou et vient se placer sur les cheminées pour annoncer par ses cris sinistres le trépas d'un malade. Alors aussi les chiens du voisinage poussent des hurlements significatifs, que le peuple regarde comme un présage de mort prochaine. La parole du médecin déclarant qu'il n'y a plus d'espoir fait moins d'impression sur une famille que ces pronostics de malheur. Quelquefois le *Javanè* rit aux éclats dans le lointain de la vallée, brisant d'ici et de là les branches des arbres vermoulus, les noyers et les chênes. Malheur au troupeau qu'il rencontre paissant sur le tard ; il y jettera une telle panique, que le bétail affolé ira se précipiter dans la marre voisine ou au bas des rochers escarpés.

Au point de vue de la mythologie générale, le *Javanè*
ne rappelle pas mal les *farfadets* du moyen-âge, les *kobolds*
des Germains, les *domichii* des Slaves et les *djins* de l'Orient,
tous lutins renommés par leurs espiègleries et leur fâcheuse
influence. On peut encore le comparer au *fouletoun* et au
fantasti, que Mistral a si bien décrits dans son immortel
poème. Du reste, tous ces génies minuscules, toutes ces
déités de bas étage se trouvaient dans la plupart des théo-
gonies du monde *aryas*. Aujourd'hui, on les rencontre à
l'état de superstition dans le fonds traditionnel commun à
tous les peuples de l'Europe.

Envisagé sous le rapport de la signification, le nom du
Javanè peut s'interpréter de plusieurs manières : 1° On
pourrait voir dans ce mot l'altération ou une forme équiva-
lente de l'adjectif *divinus*, affiliée au sanscrit *divas*, au celtique *dia*, au slave *diewas*, au grec *Zeus*, qui signifient Dieu
dans chacune de ces langues. On sait que *d* se change parfois
en *j* devant un *i (diurnus* a fait *jour)*. Cette explication serait d'autant plus plausible, qu'on trouve chez les Gallo-
Romains des divinités secondaires du nom de *divones* (1) 2°
Si *Javanè* est un composé binaire, il est possible de l'analy-
ser ainsi : *java*, dieu, *nè*, nuit : esprit nocturne. Ou bien encore : *ja*, dieu, *vanè*, volage, du latin *vanus*. Mais nous n'af-
firmons rien, de peur d'effaroucher les maîtres de la science
officielle, et notre réserve se justifie d'autant plus que nous
avons à offrir au lecteur une autre étymologie de meilleur
aloi, bien que moins séduisante.

Du mot allemand *kaus*, oiseau de nuit, notre vieille
langue avait fait *cahu, chahu, cahuan, chouan*, d'où a été

---

(1) Belloguet, *Génie gaulois*, p. 266; — Bapp, *Glossaire
sanscrit*, au mot *dyu*; — Grimm, *Mythologie allemande*, i, p.
175.

tiré par une fausse analogie le français moderne chat-huant.
Est-ce qu'il existerait quelque rapport entre une chouette ou
un grand-duc et un *chat qui hue?* — Il n'y a là qu'une ridicule confusion de sons, de laquelle Du Cange plaisantait
déjà, il y a deux siècles. Mais l'Académie n'en a pas moins
maintenu sa fausse orthographe. Voici les textes anciens qui
contiennent ce mot sous ses différentes formes :

> Janin Janot, mais quel oisel es-tu?
> Es-tu pinchon, linot, merle ou *cahu?*
> A midy estoile ne luit,
> *Cahuant* ne sort de son nid.
> (Adages et proverbes).

> Les *chouans* annonceurs de mauvaise aventure
> Ne s'y viennent percher, mais les rossignolets.
> (RONSARD, Eglogue III).

La même racine passant par le bas latin *cauana* ou
cauanus, avait donné à notre langue d'oc la forme *chauana*,
dont nous aurons fait très vraisemblablement *Javanè*. Les
deux variantes, en effet, ne diffèrent entre elles que par des
mutations familières à nos dialectes du Midi. Dès lors, on le
voit par cet ordre d'idées, la genèse du mythe et le mot *Javanè*, qui en est l'expression, trouvent leur point de départ
dans l'oiseau qui s'appelle *chat-huant.* Assurément l'imagination du peuple n'a pas eu besoin d'un grand effort pour
arriver à ces hauteurs de pur naturalisme. Un autre fait
digne d'être remarqué, c'est que *Trèto* et *Javanè* sont deux
vocables d'origine tudesque. Nous constatons ailleurs la
même provenance et le français *garou, gobelin, hellequin,*
lutin, fantôme, nous fournit une preuve de ces emprunts
faits à la Germanie (1).

____

(1) Chevallet, *Origine et formation de la langue française,*
Introduction, p. 65.

Et voilà comment la linguistique nous donne la clé du mythe *Javanè*. Il ne faut pas s'en étonner : les fables et les légendes forment comme le cliché et la pétrification du langage populaire. Elles s'y incrustent et vivent autant que lui. Il suffit de fouiller un peu dans ces patois, que l'ignorant dédaigne, pour mettre à jour les débris des croyances passées. Ces locutions bizarres, ces mots étranges que personne ne comprend, ces noms de plantes ou d'animaux si éloignés du français, tout cela constitue une mine féconde ouverte à la science mythologique. Les Allemands ont deviné plus tôt que nous ce trésor caché, et, les premiers, ils ont interrogé les noms donnés aux pierres, aux arbres, aux montagnes, aux hommes; les premiers ils ont analysé les légendes locales et les contes transmis de père en fils dans les campagnes. Le grand ouvrage de Grimm sur la mythologie allemande, a puisé largement à cette source intarissable.

Il peut se faire qu'en remontant au sens primitif du nom mythique, le personnage fabuleux disparaisse pour céder la place à une réalité toute nue de l'ordre naturel.

C'est précisément ce qui est arrivé ici pour notre *Javanè*. L'étymologie a chassé la fiction. Plus de génie, plus de lutin ; tout bonnement un pauvre oiseau de nuit. Mais comment s'est formée la fable ? Comment la légende s'est-elle emparée de ce simple volatile pour en faire un esprit ? La chose n'est pas si difficile à expliquer. Et d'abord l'imagination du peuple ne manqua point d'être frappée du cri de cet oiseau, parfois plaintif et sanglotant, parfois aigu comme un ricanement ou une colère. Son aspect farouche, sa vie solitaire dans les trous des vieux murs, son vol mystérieux au milieu de la nuit, tout cet ensemble de singularités fit impression et contribua à faire de lui un animal à part, un être doué de passions et de sentiments. Bientôt les conteurs de la veillée le prirent pour thème de leurs récits, et le jour

où le peuple oublia le sens du mot *chauana*, le lutin *Javanè*
fut créé.

L'OULURGUE

Voici encore un nom passablement baroque, donné à un
esprit imaginaire qui semble faire double emploi avec les
deux précédents. Cette nouvelle conception de la peur n'est
pas douée de qualités bien définies. L'*Oulurgue* soupire,
pleure et sanglote. Son cri lamentable est toujours un signe
de mauvais augure, comme celui du *Javanè*. On dit qu'il ne
va jamais seul et que, réunis en troupe, les *oulurguei* se
montrent dans leurs apparitions nocturnes sous la forme de
petites flammes voltigeant autour des maisons ou à travers
champs. Ce serait peut-être une personnification des feux-
follets, ces mystérieux météores qui donnèrent sujet jadis à
tant de croyances superstitieuses.

Essayons de demander à l'étymologie quelques lu-
mières sur ce point. Le procédé nous a trop bien réussi pour
ne pas l'employer encore avec succès. Du premier coup, en
effet, nous nous trouvons en présence de similitudes frap-
pantes qui nous ramènent à un nom d'oiseau, et cet oiseau
ne serait autre que le hibou : latin *ulula*, allemand *eul*, anglais *owl*. Cette dernière forme unie au mot *huguet*, qui dé-
signait un lutin en vieux français, donne un composé *owl-
huguet* à peu près identique à *oulurgue*. Mais nous repous-
sons cette interprétation, parce qu'elle repose sur un mot
hybride qui répugne à la science. Il est bien plus rationnel
de voir dans *oulurgue* une simple altération d'un primitif
proche parent du grec ολολυγων, et surtout du sanscrit *ulu-
kas*, hibou. Grand Dieu ! que vont dire nos régents de Paris
ou de Montpellier ! Quelle audace d'aller chercher des étymologies jusqu'au fin fond de la Grèce ou des Indes ! N'ont-

ils pas érigé en dogme que le latin doit suffire à tout expliquer : hors du roman point de salut ! Nous voilà donc ex-
communié *ipso facto*. Ami lecteur, vous serez plus indul-
gent.

Il convient cependant de rappeler qu'au moyen âge il
y avait un lutin dont nous avons parlé plus haut et dont le
nom a quelque analogie avec *óulurgue* : c'est *helleken*. Diez
fait dériver ce nom du substantif *holle*, enfer, suivi de la désinence qui caractérise les adjectifs. Alors *óulurgue* serait
l'infernal, le diabolique, le malin esprit. J'avoue qu'entre
ces deux explications mon esprit balance.

LA RATAFAGNAUDO

Encore un épouvantail à l'usage des nourrices, toujours
portées plus qu'il ne faut à effrayer les petits enfants. Celui-
là nous a fait trembler de bonnes fois. Et pourtant qu'est-ce
que la *Ratafagnaudo*, sinon l'innocente chauve-souris ? Impossible d'en douter lorsqu'on examine de près les formes
romanes : *ratapennata, ratopenado*, mot à mot rat ailé, qui
désignent la chauve-souris dans tout le domaine de la langue d'oc. Le changement de *p* en *f* n'est pas un fait isolé ni
accidentel. Les idiomes néo-latins en fournissent de nombreux exemples : *caput* = chef, *mespilum* = nèfle. Du reste
en Sardaigne le mot en question est doté de la même permu-
tation : *ratafignada*. Nous n'insistons pas. Mieux vaut passer
de suite à d'autres recherches linguistiques, un peu différentes, il est vrai, mais se rattachant toujours à la mythologie par quelque côté.

Il convient d'observer que le mythe des oiseaux nocturnes n'est point une invention moderne. Le moyen-âge lui-
même en est innocent, puisqu'on en retrouve la trace jusque
dans les légendes de la Grèce et de l'Égypte. Des fouilles ré-

centes, en effet, ont mis à découvert des vases nombreux sur lesquels étaient peints des oiseaux, des chouettes à tête humaine. Les Grecs figuraient ainsi les sirènes, et les sirènes étaient un emblème de l'âme. D'autre part aussi, les monuments égyptiens nous montrent, dans le symbolisme de leurs hiéroglyphes, les mêmes têtes d'homme sur le corps d'un hibou ; c'était encore pour eux le signe représentatif du *ba*, c'est-à-dire de l'âme. On est fondé à croire que cet étrange symbole n'était pas inconnu non plus aux anciens Arabes. Au rapport de M. de Perceval, ces peuples s'imaginaient que l'âme du défunt prenait la forme d'une chouette et venait ensuite pousser des cris plaintifs sur le lieu de la sépulture (1).

Explique qui voudra ce parallélisme. Pour moi, je ne puis m'empêcher d'y voir l'effet d'une transmission de proche en proche, par voie d'hérédité.

L'ABRENNO

Le symbolisme de notre mythologie dauphinoise ressemble quelque peu à une ménagerie en miniature. Après les oiseaux, voici les reptiles. Avec la salamandre appelée *Lebrenno* ou l'*Abrenno*, nous entrons dans cette antique légende du serpent qui se retrouve à l'origine de toutes les cosmogonies des peuples. Au Mexique, en Chine, en Égypte, en Grèce et ailleurs, c'est toujours le dragon qui joue le rôle de tentateur dans l'histoire de la chute du genre humain. La Méduse, l'hydre de Lerne, la Chimère, le serpent Python, les géants Anguipèdes, Ophionée et tant d'autres monstres,

---

(1) H. Husson, *La Chaîne traditionnelle au point de vue mythique.*

fourmillent dans le paganisme gréco-latin. Au plus lointain des traditions et des écrits de l'Inde, l'ennemi d'Indra
ou de Dyans est représenté par *Ahi*, qui signifie précisément
serpent. C'est le latin *anguio*, le grec εγις, et aussi οφις, par
le changement des aspirées entre elles ; l'allemand *unke*
provient aussi de la même racine. Mais ce qu'il y a de plus
mystérieux en tout cela, c'est que, dans la langue des
Védas, le terme *ahi* est apparenté aux mots *anhas*, malheur,
angha, méchant, *aghay*, faire le mal (1). Le serpent est
donc la personnification du démon ennemi de Dieu et de
l'humanité.

D'où vient le choix d'un pareil symbole ? Dira-t-on avec
l'école mythique que le serpent est la figure de l'éclair,
dont la forme tortueuse sillonne les nues et accompagne la
foudre ? Faible raison. Nulle part l'éclair n'a été identifié
avec le mal ; nulle part le nom de l'éclair n'a eu quelque chose de commun avec celui du serpent. Et pourtant ce
serait nécessaire dans l'hypothèse naturaliste, puisque, d'a-
près ce système, le mythe de ce genre doit avoir pour noyau
le nom du phénomène physique. N'est-il pas plus logique
de regarder cette légende si variée et si universelle comme
un débris de vérité primitive, comme le souvenir travesti
d'un fait remontant aux premiers jours de la création ?

Qu'on nous pardonne cette digression bien sérieuse pour
un travail aussi mince que le nôtre. En réalité, ce n'est
point un hors-d'œuvre ; car cet aperçu général nous per-
met de rattacher la fable de la salamandre à l'ensemble des
croyances populaires qui ont le serpent pour objet. Toutefois, si nous avons donné la migraine à quelqu'un, nous en

(1) Michel Bréal, *Mélanges de Mythologie et de Linguistique*,
p. 95 et 96.

avons le cœur extrêmement marri. Passons vite à autre chose. Qu'est-ce que l'*Abrenno* ?

En histoire naturelle, la salamandre est un reptile amphibie de l'ordre des batraciens, ayant l'aspect extérieur du lézard : quatre pattes latérales et de même longueur, tête aplatie, mâchoires armées de dents nombreuses et petites. On distingue la salamandre aquatique ou triton et la salamandre terrestre ou commune. La première prend le nom de *Lebrenno* ou *Abrenno* et la seconde s'appelle *Rassa*, en provençal *Rassado*.

Les salamandres ont donné lieu aux contes les plus fantastiques et les plus extraordinaires. Dans la vallée de la Drôme comme ailleurs, on dit et on croit qu'elles peuvent vivre au milieu des charbons ardents, que leur morsure est très venimeuse et qu'avec leur souffle elles peuvent donner la mort. La vérité, c'est que les salamandres ont le corps couvert d'une humeur gluante très épaisse, qui pourrait, si on les jetait dans les flammes, les protéger quelques instants contre les ardeurs du feu; mais elles ne tarderaient pas à y périr. Elles n'ont aucun venin et leur haleine ne possède aucun principe malfaisant. Leur aspect hideux et l'odeur forte qu'elles répandent auront, sans doute, donné lieu aux fables que l'on raconte à leur sujet. Chez les anciens, le feu divinisé avait pour attribut une salamandre. Les poëtes en avaient fait le symbole de la valeur et l'emblème de l'amour. On sait que François Ier avait dans ses armoiries une salamandre avec cette devise : *J'y vis et je l'éteins.*

Ici, le mythe ne nous cache pas un animal transformé peu à peu en lutin ou en génie. Non, l'imagination du vulgaire s'est arrêtée en chemin, et le mythe demeure inachevé. La salamandre reste une salamandre, seulement la légende l'a faite incombustible ; propriété imaginaire assurément, puisque l'expérience la contredit ; mais propriété mystérieuse, qui n'en rappelle pas moins l'ancien dragon qui brûle éternellement sans se consumer. Voyons si l'étymologie viendra témoigner en faveur de cette croyance. S'il en est ainsi, nous pouvons conclure de suite que l'ancienneté du mot sera une preuve péremptoire de l'ancienneté du mythe.

Quelle heureuse trouvaille ! N'arrive-t-il pas que ce petit mot *Abrenno* se trouve être juste de la même famille que *asbeste* et *amiante*, qui signifient tous deux incombustible, indestructible, et qui désignent une substance filamenteuse sur laquelle l'action du feu ne peut rien ? En effet, nous sommes en présence d'un mot composé de *a* privatif et d'un thème verbal *bren*, contenu dans l'allemand *brenne*, brûler, le gothique *brinne*, l'anglais *burn*, qui ont la même signification.

Ce mot est complètement isolé dans nos patois de la région, tout comme les autres termes mythologiques ; mais je ne pense pas qu'il soit d'origine tudesque. Dans les idiomes germains, la particule privative n'est pas *a*, mais *un* : *unbrand*, incombustion. Ce mot, vraisemblablement, dut être compris dans le bagage théogonique des premières immigrations dans la Gaule. Nous en avons pour preuve la forme *abranat* (*non urens*), venue de l'extrême Orient, puisque c'est du sanscrit tout pur (1). Les correspondants du grec et du latin dérivés de la même racine s'écartent beaucoup trop pour laisser croire à une importation postérieure par les Romains ou par les Massaliotes.

Certes, quelle importance donnée à un mot ! Oui, c'est vrai ; nous tenons à en faire ressortir toute la valeur, parce

---

(1) Eichoff, *Parallèle des langues de l'Europe et de l'Inde*, p. 341.

que nous sommes persuadé que sa forme archaïque dé-
montre invinciblement la haute antiquité de la légende.
Disons en finissant que le vocable salamandre se trouve dans
la plupart des langues de l'Europe, sans pouvoir être expli-
qué par aucune d'elles. L'idiome védique seul peut en
fournir la clé : *salan*, eau, *ama*, avec, *dhara*, terre, d'où l'on a
fait *salan-ama-dhara*, expression admirable qui revient à
l'idée que nous rendons par le mot *amphibie*.

LA RASSA

La salamandre terrestre a les dimensions d'un gros
lézard, mais les récits fabuleux lui en donnent de beaucoup
plus grandes. Postée sur un buisson, elle attend, dit-on,
l'homme au passage et lui saute à la figure. Sa morsure
serait telle, qu'il faudrait tremper la queue du reptile dans
l'huile bouillante pour lui faire lâcher prise. Aussi, dans le
langage du peuple, la *Rassa* est devenue le type de la mé-
chanceté féroce, et partage avec la vipère toutes les malédictions de nos gens des campagnes. Rien d'extraordinaire
donc qu'ils lui fassent une guerre à mort, une guerre d'ex-
termination, qui finira par anéantir l'espèce. Et cependant
le chétif animal ne mérite ni cette haine, ni cette persécu-
tion impitoyable. Très inoffensif de sa nature, il a le grand
tort d'être de la famille de l'aspic et du basilic; on doit
poursuivre en lui l'infâme dragon, auteur de tout mal.

Et maintenant quelle est la signification de ce mot
Rassa, correspondant du provençal *rassado*? Selon toute
probabilité, ce mot dérive d'une racine *ras*, qui veut dire
rompre, couper, scier et qu'on retrouve dans notre patois
rassar, scier ; *rassaire*, scieur de long ; *rasso* et *rèsso*, scie.
L'allemand *reissen*, déchirer ; le grec ρχσσω, trancher, le

sanscrit *raisat*, tranchant, proviennent aussi du même radical. Ce nom, du reste, est parfaitement justifié par la con-
formation de l'animal. La salamandre terrestre, en effet,
possède des mâchoires pourvues de plusieurs rangées de
dents aiguës en forme de scie. Ce qui revient à dire que la
rassa n'est pas autre chose que la *dentée*, ou celle qui est
armée de pointes.

LOU VESTIGUE

Prenons congé des spectres, des farfadets et des diablo-
tins. Les notes qui suivent, loin d'évoquer des souvenirs
terrifiants, ne se rapportent qu'à des objets de nature très
inoffensive. Nous entrons d'abord dans le règne végétal, et
là encore nous allons constater les multiples fantaisies de la
légende, jusque parmi les plantes les plus vulgaires de nos
bois et de nos potagers.

C'est un fait constant qu'à toutes les époques le peuple a
été porté à donner aux végétaux des noms en rapport avec
leurs propriétés vraies ou fictives. Ainsi les Grecs appelaient
φηγος, de φαγω, manger, le hêtre dont le fruit dut servir de
nourriture aux premiers hommes. Ce fruit, que nous appe-
lons encore en Dauphiné *faye*, toujours du même radical,
est par son nom le frère de notre grossier *fayou* = *phascolus*,
le haricot. Par une raison semblable, les Latins nommaient
œsculus un chêne dont les glands étaient comestibles en ces
âges peu avancés dans l'art culinaire. La même tendance
se remarque encore aujourd'hui dans le langage du peuple.
Pour ne citer que des plantes médicales, il y a l'herbe à la
fièvre, l'herbe à la gale, l'herbe aux écrouelles, l'herbe aux
ladres, l'herbe aux gueux, l'herbe aux teigneux, etc. La nomenclature serait trop longue et pourrait nous mener à des
dénominations malsonnantes. *Schoking!*

Pline le Naturaliste rapporte dans son livre xvi que, de son temps, chez les Gaulois, le nom commun du gui signifiait littéralement *omnia sanans*, qui guérit tout. C'était la panacée universelle, le remède à tous les maux, d'après les croyances et le culte des Druides. On connaît les rits solennels qui accompagnaient la cueillette du gui de chêne au milieu des forêts. On sait aussi qu'il était employé en ablutions et comme breuvage, et qu'il jouissait de la double vertu d'assainir les corps et de purifier les âmes. De toutes ces croyances, il ne reste qu'une sorte de répulsion pour ce singulier parasite de nos pommiers et de nos amandiers. La médecine moderne n'a trouvé dans le gui du chêne aucune propriété curative qui pût justifier la confiance dont il jouissait auprès des Celtes, nos ancêtres. Le christianisme et la science l'ont fait descendre au rang des plantes banales. Ce n'est plus qu'un ridicule panache suspendu aux branches d'arbres à moitié morts. Les bœufs seuls trouvent dans ses baies visqueuses une pâture aux jours d'extrême disette. Mais ne serait-il pas intéressant de savoir si, dans notre dialecte dauphinois, le mot *vestigue*, qui désigne le gui, a conservé la signification que lui attribue l'historien latin ? Pour sûr, il y a là une curieuse étude à faire.

Eliminons d'abord l'étymologie tirée du verbe latin *vestigo*, je cherche, parce qu'elle est trop métaphysique. Les nomenclatures vulgaires repoussent ces sortes d'abstractions; elles vont droit aux appellations positives, basées sur les propriétés matérielles des choses. Le mot anglais *sticky*, visqueux, provenant du verbe *stick*, s'attacher, nous offre une interprétation plus conforme à cette tendance. Le dauphinois *estique*, gomme élastique, serait emprunté aussi au même radical plutôt qu'au grec ἐλασσω, car on connaît les affinités de cette gomme avec la glu. Dans ce cas, le *v* initial de *vestigue* rappellerait le digamma hellénique :

(*vestis* = εσθης, *vesper* = εσπερος), ou bien ce ne serait qu'une simple lettre euphonique fréquemment usitée dans notre patois : *vount = undè, vou = hoc, ün = un*, etc. Dès lors aussi, le nom du gui se confondrait avec celui de la glu, comme cela a lieu dans beaucoup d'autres langues ; mais il faut l'avouer, cette étymologie de *vestigue* n'aurait rien de commun avec l'idée de panacée universelle indiquée par Pline. Avant d'y renoncer tout à fait, il est bon de savoir tout ce qui pourrait, même de loin, se rapprocher de l'*omnia sanans* dans la composition de notre mot. Le lecteur fera de ces explications le cas qu'il voudra. Libre à lui de les mettre au panier, en attendant quelque chose de mieux.

Trois noms de plantes dans la flore dauphinoise possèdent une désinence à peu près identique; ce sont : *vest-igue*, gui, *oul-egue*, hièble ; *el-ice*, persil. Or, en confrontant cette désinence avec les radicaux celtiques, on est bien vite frappé de la ressemblance, je dirai presque de l'identité, qu'on découvre dans ce rapprochement. En effet, nous avons les formes *ic*, guérir; *ioch*, guérison ; *ice*, remède, correspondant au grec αλεομαι, guérir, au sanscrit *yógi*, médicament. La plante sacrée que les druidesses de l'île de Sena cueillaient avec le petit doigt portait le nom de *bel-iza*, c'est à dire remède de Bel, l'Apollon gaulois, dieu de la médecine (1).

Reste à trouver la signification de la première partie du mot *l'estigue*, autre noyau de notre nébuleuse. Est-ce le *vastus*, grand, du latin? Est-ce le *gwast*, mal, du breton, équivalent du mot dauphinois *gâte*, malade? Cette dernière supposition a quelque vraisemblance, attendu que dans le mot anglais *mistelloc* et dans le mot allemand *mistel*, qui désignent tous deux le *gui*, nous rencontrons le préfixe *mis*, im-

____

(1) Bopp, *Gramm. comparée*, vol. 1, p. 166.

pliquant l'idée de mal. Si toutes ces données ne sont pas un
vain mirage, nous arrivons à un composé binaire qui a le
sens de *malum sanans*. Pour avoir la valeur adéquate signalée
par Pline, il faudrait que *vest* fût synonyme de *totus* et
d'*omnis*. Eh bien, parmi tous nos idiomes qui remontent à
la même souche, existe-t-il un vocable offrant le sens de
totus et peu éloigné de *vest* pour la forme? Ici encore, j'ose
dire, comme Archimède, ευρηκα. Qu'on me pardonne cette
expression réservée aux grandes découvertes. De la racine
vis, couvrir, le sanscrit a fait *visas*, le lithuanien *vissas*, le
russe *vesj*, trois formes dérivées du participe *vistas*, signifiant *totus* (1). Il est très probable que *vestus* appartient à la
même lignée. Ce qui est vaste embrasse une partie de la to-
talité, et il n'y a entre les deux acceptions qu'une différence
du plus au moins.

Conclusion : Si rare que soit le *vestigue* du chêne, il est
plus facile de le trouver que de trouver son étymologie.

L'OULÈGUE

Encore une panacée à l'usage des médicastres du bon
vieux temps. L'hièble, en latin *ebulus*, est un sureau nain,
herbacé, qui croît dans les terrains bas et humides et sur
le bord des chemins. C'est un de ces arbustes sournois qu'on
est toujours sûr de voir rôder autour des fermes. On ne l'ex-
tirpe que très difficilement, quoique l'odeur vireuse qu'il
exhale lui attire maintes volées de coups de pioche. Au demeurant, l'hièble possède toutes les propriétés attribuées à
son grand frère le sureau ; et certes, ce n'est pas peu dire,

---

(1) Amédée Thierry, *Histoire des Gaulois ;* — Pitre Chevalier,
Bretagne ancienne.

s'il faut en croire le *Codex*. Baies, fleurs, feuilles, racine,
écorce, tout est remède dans ce singulier végétal. Il est pur-
gatif, résolutif, diurétique, sudorifique, diaphorétique et
stimulant. On l'emploie en infusion, en dilution, en fumiga-
tion contre la pleurésie, le coryza, l'ophthalmie, l'érésipèle.
Encore un peu, et la médecine elle-même fera de l'hièble
un remède universel.

En fait, l'étymologie du nom vulgaire de cette plante
semble supposer la connaissance de ses nombreuses propriétés. En celtique, *oll* et *ol* signifient *tout*, et cet adjectif se
retrouve dans le nom tudesque du sureau, *hollunder*. D'a-
près les auteurs du *Crania Britannorum*, *olliach* aurait le
sens de *omnia sanans*. D'où il résulterait que notre mot *ou-
legue* serait tout bonnement un équivalent de *vestigue*. Encore une panacée dont il convient de faire honneur aux
guérisseurs gaulois.

Pour le coup, va-t-on me dire, vous en prenez à votre
aise sur l'article des étymologies! Vous traitez la linguistique comme le galon, vous la mesurez à grandes aunes. C'est
vrai, j'ai manqué de cette sobriété que recommande la Sa-
gesse, même dans le domaine du savoir. Désormais je n'irai
plus fourrager si loin, fût-ce en pays de Cocagne. Abordons,
cette fois, les contes et les sornettes de ma *Grand la Bouarlho*,
les contes de ma mère l'oie, comme dit Perrault. Nous y
cueillerons çà et là maintes fleurs de poésie et de crédulité
dauphinoises. Rêveries enfantines, histoires à dormir de-
bout, je vous l'accorde, mais aussi narrations charmantes
toutes pleines de ce naïf amour du merveilleux qui caractérise l'enfance des individus, comme le premier âge des peuples. Il y a, dit Sainte-Beuve, un âge pour certaines fictions
et certaines crédulités heureuses, et si la science du genre

humain s'accroît incessamment, son imagination ne fleurit pas de même (1).

Aujourd'hui, on ne compose plus de ces choses. Il y a donc urgence à recueillir tous ces éléments épars de littérature populaire : traditions, contes, légendes, chansons, proverbes, devinettes, formules et dictons. Déjà peu à peu les *veillées* disparaissent ; les chemins de fer, les petits journaux, la multiplicité des transactions tendent à effacer de plus en plus les différences ethnographiques qui existaient entre les diverses parties du pays ; et la lecture bonne ou mauvaise, plutôt mauvaise que bonne, se substitue presque partout aux récits du coin du feu.

A coup sûr, ce fonds de littérature orale, en Dauphiné, n'est point aussi riche que celui de la Bretagne, qui possède une langue et une sorte de nationalité à part. Malgré cette infériorité de nos récits légendaires, ils ont conservé assez d'originalité, assez de fraîcheur pour mériter l'honneur d'être sauvés de l'oubli. Du reste, la linguistique et l'archéologie ont un intérêt direct à recueillir de si précieuses épaves. Commençons par le conte du Renard.

LOU LOUP ET LOU REINAR

Au xiii° siècle, parut le poème satirique et burlesque de Pierre de St-Cloud connu sous le nom de *Roman du Renard.* Le principal héros du poème est un rusé *goupil*, qui fait mille tours malicieux au Loup, son oncle et son compère. L'auteur donne au goupil le nom propre de *Renart* (2), qui, dans le langage germain, veut dire quelque chose comme la

---

(1) *Causeries du lundi,* t. v.

(2) Goupil est un dérivé du latin *vulpecula*, diminutif de *vulpes. Renard* est un dérivé tudesque signifiant très pur, fort intègre (Chevallet. v. ii, p. 238).

crême des braves gens. Il paraît qu'au temps où les bêtes
parlaient, ce n'est pas par excès de modestie que péchaient
les parrains dans le choix des noms de leurs filleuls. A ce
point que, plus tard, ils poussèrent l'audace jusqu'à puiser
dans le Martyrologe même. Le bon La Fontaine en savait
quelque chose. Au demeurant, messire Renard fut toujours
à la hauteur de son nom et de sa position. Dans la légende
populaire, le beau rôle lui est constamment dévolu. C'est le
grand personnage aux vertus chevaleresques, une espèce
d'Arthur à petit pied, auquel tout le monde s'intéresse. Le
pauvre Loup, lui, n'est qu'un souffre-douleur. Sa force et
ses belles dents ne lui servent de rien, si ce n'est à se faire
bafouer par son roué neveu compère Renard. Sans autre
préliminaire, voici le conte reproduit mot à mot dans le
dialecte local.

« Ero dóu tems de moun reire grand, quand las bestia
soulhan parla; un viage, dins 'no coumbo, lou Loup rancountrè lou Reinar e li diguè : « Vount ei que vas d'aquesto
ouro ? Sias belèu malaute ?

« — M'en parlei pas, fai lou Reinar ; n'ai rèn dins lou
pitre dempeui trei jour. Tout-eichar si ai poueigu agrafa
un tros de toumo dins 'no chaseiro. E li, qu'ei que bróu-
leyei pereiçai ?

« — Juem dóu malur, mou coumpeire ; mi, tamben,
crèbou de fam e savou plus dount me vira. Quelóus couqui
de pastrei embe lhour chi an jura de me feire muri a petit
fló. Si co duro farei pas de vieus óu.

« — Anem garo te co de la testo. Li o 'nca de jour
darrié lou sèrre e toun sang n'ei pas d'aigo de coucourdo.
Que n'en disei, mestre Loup ? siem d'iage a vióure ounesta-
men en travalhant e sario tems de quita quelo vio de fulo-
bro que menem. Tè, si valei, pas plus tard que deman, lou
lichet sus l'espaulo nirem prendre un prèfa ? »

« Tant-fa, tant-ba; lou lendeman a la pouncho dóu jour venguèran tous dous pèr vira valat dins l'estoublo d'un Noussu. Lou Reinar avió dins sa cosso un marri tros de picóudou e lou Loup avió dus 'no bicho de mèu. Nè, lou galhofo, l'avio escoundio dins la clióusuro pèr se n'en pifra tout soulet.

« Eran qui a chapla lou grème e a trissa las mouta; la suour rayavo de lhours ufa, quand tout en un cop, *din dan dan*, la campano de l'endré se boutè a trincalha.

« — Qu'ei qu'auvan eilamount, diguè coumpeire lou Loup en se panant lou mourre?

« — Souanan de batisa, faguè lou Reinar d'un èr de flougnardiso. Se devino pa-ti que lei siou envita per èsse lou peiri? Fóu que m'enanou. Dins 'no ouretto cei sarei tourna. » E lando lou manjo-poulo, tout dret a la clióusuro. Plan plan garo la cubercèllo e zou tasto lou jus de la breicho. « Qu'aco ei bouan, » se disió en se lichant las babina!

« Quand fuguè revengu au prèfa, lou Loup li demandè lou noum de soun filhòu. « Li disan *Resto-prou*, » faguè lou Reinar.

« Dins rèn de tems, *din dan dan*, vaqui mai lou clerjou que barounto a soun cluchié. « Hoï! fai lou Reinar, se capito que siou mai de batisa. M'an counvia, fóu que leis anou assoulumen. » E qui dessus, tourno prendre lou vióulet que meno au bichou de mèu. Queste cop n'en manjè la mita.

« E dóu tems, meste Loup s'estripàvo la ratèllo a licheta en fasant peta quauquei boujaroun couantro lou courretié.

« — Dis, galavar, n'as pas vergougno de me leissa trima tout soulet lou sens clame dóu jour... E qunte noum an douna au marri que venan de batija?

« — S'apello *Resto-pau*, respouand lou Reinar sens frounci la perpelho. » E moun prefachió arrapo soun lichet e se rebouáto à l'obro coumo si de rèn èro.

« N'aviò pas belèu leva dès palad, que pan ! veici enca la clocho que branlusso per un batème.

« — Parei qu'enqueui eis un jour de benuranço, dis lou Reinar. Toutaro batisavan moun cousi german, ieuro me ven de broulha un nebou. Escuso-me, coumpeire, si te quittou tourna, mè lou devèr eis aqui; m'espèran. Vai, t'adurrei quauquaren de bouan. »

« Broujès si aquesto fei lou paure mèu aguè chau. N'en restè pas 'no briso au found de la bicheiro. Mè lou Loup, en guinchant de bigouar, aviò tout vegu darrié lou boueissou. Pamens esquicho soun aïranço e ven coumo aco au Reinar : « Sauprias me dire lou noum de toun nebou? — Moun nebou, fai aqueste, se noumo *Resto-gis*.

« — Ah ! voui, garga, nen resto gis de moun mèu. N'as coufla ta bolho, anou mangeire! Vai! me la payaras; ren me ten que te tuou.

« — Siouplè, coumpeire Loup, me tuei panca. Te menarei a-n-un grafiounié de grafiou durant. Nen savou un qu'ei gaire leun. Fasen la pèi e vène aube mi. » E lei van perensems.

« Lou Reinar, lest coumo un jàrri, li escolo dessus en pourtant un raquetou de peira. De grafiou, l'aubre n'ero clafi e nen manjàvo a chas pugna. Paure Loup, ele, n'aviò que las cuya e lóus calhaud que li'chayan sus lou su.

« Quante n'aguè pres sa pitra, lou Reinar, joumbrissant de póu, devalè. « Gusar que sias, li fai lou Loup, me nen faras tout-jour; queste cop te tuou.

« — Sebo ! sebo! me tuei pas, te menarei de noça. Dóutems que saran à la messo, intrarem dedins la meisou et la fricoutalho saro nostro. Qué? toucho la man e partem. »

« E vaqui móus dous mandrin que se quilhan dins l'oustau dóus nóuvi per un fenestrou de la feneiro. La taulo èro cuberto de touto meno de manjalho e la dindo viravo a l'aste. O! móus ami quntei cop de dent! qunto deijala de tian e de rousti !

« Embe aco, lou Réinar, sens fa semblant de ren, coumo pèr eichampa d'aigo, anàvo de tems en tems au trapou de la feneiro per veire si li pouviò passa enca. Las ouro landan vite a bouano taulo. Juste se voueidavan un chiquet de *breseime*, quand brau ! veici la noço qu'arrivo. Sauvo la greisso !

« Lou Reinar, fi coumo la moustiolo, s'encourre, s'estiro prim e sauto dóu fenestrou ; mè lou Loup riound e regounfle pouo plus li passa. Pamens, à fouarço de s'esquicha, lou foutrau li parvengué. Souquelamen, sa cuyo li restè.

« — Vai ! plourei pas, li dis lou sanno-jalhar, t'en trouvarei uno. Savou la coulougno d'uno vielho ; aube la risto n'en trenarei 'no cuyo e te l'apoundrei au darrié. » Fetivamen, n'èro panca vèpre que deja lou Loup fasiò lou farot embe soun flouquet de chambe en pendoulino au cùou.

« — Aro que siem 'sta de noça, fai lou Reinar, dansem 'no boureyo vou 'n rigaudoun. Atuvem 'no chabineiro e sautarem lou flò. Vai t'en quarre lóus gavèu, mi me charjou de las ferbelha. »

« Dret-que lou flò flameyè, vaqui moun Reinar que li burdi dessus. Li passo e li trepasso de tous las, sens se rima lou mendre peu de sa blodo. Mestre Loup vóu nen feire autant, me pataflóu ! se li chai au bouan mitan e se li busclio la cuyo amei sa bourro. Tout bróusi, quasimen mouart, lou bedigas anè se feire sougna vas maire la Loubo.

« Per bounur lou Reinar s'èro gara de davant, e m'eis sta di que dempeui quéu jour lóus dous coumpairei trevèran plus ensems. »

Je ne prétends pas avoir épuisé le récit de tous les faits et gestes du Renard et du Loup. Le thème se prête à maintes variantes légendaires ; pour ne parler que de notre région rhodanienne, le même conte donné par M. Maurice Rivière en dialecte haut-dauphinois diffère sensiblement de celui-ci. La rédaction, qui se trouve dans le *Cacho-fio* en provençal, s'en écarte également sur plus d'un point. Mais la morale, si morale il y a, est toujours la même : c'est le triomphe de la ruse et de l'adresse sur la force brutale. La donnée est identique dans la fable du *Gros-de-Pun* ; toutefois l'intérêt y est beaucoup plus grand, parce qu'elle se lie à toutes les vieilles mythologies du monde indo-européen.

GROS-DE-PUN

« Jan et Goutoun coumençavan dejo lhour quaranteno e n'avian gis d'efant. « Quo siem malurous, disio 'n jour la fenno a soun ome, en boutant levam ! Marri vielhenge qu'a-nem passa si siem soulei. » E disant co, Goutoun maudo uno lóuflo, s'esquicho 'n brisou e fai, qué?... un efant tout revelha, mè si petitou, si mingoulet, que soun brès fuguè un escliop; e l'apelèran Gros-de-Pun. Nanet en broulhant, restè nanet touto sa vio.

« Veteici qu'a sèt an sa maire lou mandàvo pourta la soupo a soun paire vas las terra. Un viage qu'avió plòugu, manquè de se neya dins un goulha, au mitan dóu chami. Pèr bounur que lòus vesi l'auviguèran cria e venguèran a soun secours.

« Un autre cop, Gros-de-Pun se perdè dins uno tartifleiro. Li barulè touto la journa sens poueire retrouva ni sas pia ni soun vióulet. Fuguè soun chi labri que lou descatè au vèpre et l'aduguè a sas dents coumo un tros de pan. E dem-peui quéu jour sóus parent l'amavan que mai.

« Aguè pas tant de chanço la fei que rancountrè uno bando de bregant. En lóus veyant veni, zou ! s'escound sous 'no felho de chóu. Vai-te feire viadasa! un dòus voulur li passo a rando e lou gaucho sus l'arté. Paure Gros-de-Pun ciclo e bado coumo un perdu. Tè, qunto mounino es eisso? disan lóus estafié. Empourtem-lou; sarò lou baquióulou de nastro bando. E vaqui que l'arapan e l'ensachan dins lhour biasso.

« Brouleyèran prou pèr païs jusqu'eiçai à la neu. A fouarço de chamina, arrivèran a-n-un chastè vount restàvan de gent si talamen richei, que paleyàvan lóus escu e lóus mesuràvan a sestié.

« — Eis eici, fan lóus mandrin, eis eici qu'anem fa nastras freta. Rede, que lou nanet souarte de la biasso, qu'entre dins lou chastè e que nóus jite lou butin pèr la fenestro.

« E Gros-de-Pun s'estiro tant que pouo, s'estiro ben tant, que passo per lou pertus de la seralho. Aube l'enavant d'un jàrri vou d'un escuróu, hop! lou vaqui au plan sous la tóuligno que se bouato a cria : « De bla ou de mesclio, qu'ei que voulès que vous jite? — Vai, rèspouand la bando, jito lou bla proumié; la mesclio vendro peui. » Dóu plan davalo a la cusino, e aqui mai bramo tourna : « Qu'ei que fóu que vous mande, de gras vous de meigre? » Faguè 'n tau brud, que la gent dóu chastè se deirevelhèran. Sus aco lóus bregand se descapitavan pèr landa e moun Gros-de-Pun, jilo coumo uno murgo, s'escoundre dins un miala de terralho. Quand la chambreiro venguè quèrre d'uili, lou nanet sautè dins la trucho e peuissa dins lou calé e tuè lou lume. Bounsouar! Davant que l'eichandilhou l'aguèsse ratuva, Gros-de-Pun èro tourna au pertus de la cadóulo, sauve, lauva-sié-Diou.

« Chami fasant, trouavo lou Grand Jalhant que li di coumo aco : « E vount ei que vas, moun paure Gros-de-Pun? M'eis eivis que sias tout escranca ; se vé que nen pouas plus ;

tè, n'avei pas póu, mouanto sus moun espanlo, te pausaras 'no briso. Siou de rèboulo questo neu ; vène aube mi ; te proumettou que saras de festo. »

« Quand fuguèran à taulo, Grand Jalhant manjàvo coumo Gargantua ; e pifro que pifraras. Gros–de-Pun, dins soun caire, trissàvo pas mau noun plus lou pan e lou fricot. Mè fóu dire que n'en fouràvo la mita dins sa chamiso. Tems en tems sourtió defouaro e dret qu'èro rintra, l'aurian pres tourna per un magnau a la brifo.

« Qu'ei que fas donc per avèr tout-jour fam, li fai Grand Jalhant plé coumo un ióu ? — Souar embe mi t'óu direi, » rebeco lou nanet.

« Un cop que soun darié la pouarto, Gros-de-Pun arrapo soun coutelou e fai semblant de se creba l'ambouni per voueida sa manjalho ; mè lou lura espanlo soulamen sa chamiso.

« — Si n'ei qu'aco, dit Grand Jalhant, beilo me toun gani, l'afaire saro tóut facho. » Co disant, pren la lumèlo e zang ! se duèbro la bolho. Fuguè sa mouar.

« Pèr quant a Gros-de-Pun, li beilèran un chapè de burre, uno pairo de soulié de veire, uno raubo d'aragna e per dessus uno tauteyo de froumage pasta, embè un cop de pè au darié e l'emmandèran vas ele.

« Au soulé, soun chapelou de burre se foundè. Sus lóus calhaud, sas baraqueta de veire s'escliapèran. A ras la clióusuro, sa blodo d'aragna s'estripè. De fi de façou qu'èro nu coumo un vèr quand tournè vas sóus parent. E mi que vous racouantou quelo falibourdo,

« Passèrou dins 'no ruetto.
Auviguèrou 'n elchinletto,
Que fasió drin drin !
Vaqui la fin.

> « Veguèrou 'n óucè sus 'no mouto,
> La vaqui touto.
> Uno damo dins un pertus,
> Nen savou plus. »

Il faut observer d'abord que ces derniers vers et les lignes qui précèdent se retrouvent à la conclusion de tous nos contes valentinois. Tout bon narrateur du pays doit employer cette formule consacrée, sous peine de se voir rappelé à l'ordre et passer pour ignare. D'autre part, il est certain que le récit que je viens de donner est susceptible de recevoir plus d'une amplification. J'ai négligé l'épisode des cailloux semés par les chemins et celui de la visite à la grand'mère, parce que je n'y ai vu qu'une traduction des mêmes épisodes du conte de Perrault. Rien dans notre légende ne rappelle la petite étoile de la Grande-Ourse, comme dans beaucoup d'autres variantes populaires de cette odyssée en miniature (1). Rien non plus que je sache n'indique même vaguement que le Poucet dauphinois ait conduit un attelage quelconque, un char ou une charrue en se plaçant dans l'oreille d'une des bêtes qui en font partie. Comme ce trait est capital dans le mythe indo-européen, j'incline à croire que mes souvenirs me font défaut sur ce point.

Les personnages de petite taille sont familiers à toutes les mythologies depuis l'antiquité la plus reculée. Voici les Pygmées de la Grèce qu'Homère place sur les bords de l'Océan. Voici les nains de la Gaule et de la Germanie, peuple lilliputien qui habite les fentes des rochers et les trous de la terre. Il y en a aussi à Madagascar et chez les Zoulous. Dans le conte allemand, le petit coureur d'aventures, contraint par des voleurs, pénètre par les fissures de la porte

---

(1) Gaston Paris, *Le Petit Poucet et la Grande-Ourse.*

dans le palais du roi, d'où il jette à pleines mains les écus d'or. La bande de voleurs intervient aussi dans la légende lithuanienne et albanaise. En Roumanie, c'est une souris qui se change en petit garçon et qui porte la nourriture au père occupé à labourer les champs. Généralement le Petit Poucet s'égare dans la forêt, mais le conte anglais le fait perdre dans un sillon parmi les mottes de terre; plus tard il le fera se cacher sous une feuille de patience. Presque toujours aussi le héros nain est dévoré, tantôt par un bœuf ou une vache, tantôt par le loup ou le renard, sans cependant jamais mourir; car, dans la fable primitive, le Petit Poucet est dieu.

Et quel est donc ce dieu microscopique? L'opinion la plus commune est qu'il s'agit ici du mythe d'Hermès. « Le conte de Poucet, dit M. Schenkl, est apparenté avec la légende d'Hermès, telle que l'a conservée l'hymne homérique. » À peine né, le fils encore tout petit de Zeus est déposé dans le soulier de son père en guise de berceau. Il se fait remarquer par son art et son adresse et joue aux dieux toutes sortes de mauvais tours. Il se fait voleur et il enlève les bœufs d'Apollon avec un rare bonheur grâce à sa petitesse. Enfin, après avoir caché son butin, il rentre dans la grotte de sa mère par le trou de la serrure. Ajoutons-y ce trait de ressemblance particulier à notre conte dauphinois : Hermès, saisi par Apollon, recourt pour s'échapper à un moyen cynique mais efficace. On a vu par quel grossier stratagème notre Gros-de-Pun se tire des mains de l'Ogre (Grand-Jalhant) et l'amène à se donner la mort (1).

Une étude intéressante à faire, c'est de rechercher la

____

(1) *Mémoires de la Société de Linguistique de Paris* t. 1er, 4e fasc., p. 398; — *Le Petit Poucet et la Grande-Ourse*, Gaston Paris.

signification des noms divers portés par le Petit Poucet dans la mythologie de chaque peuple. Comme il fallait s'y attendre, tous ces noms rappellent quelque caractère de la taille exiguë du personnage. Les Russes le nomment l'*Enfant gros comme le doigt*, ou bien encore le *Pois roulant*. Les peuples germains ont emprunté au radical *daum*, pouce, les noms très nombreux qui le désignent. Chez les Albanais, c'est une *Noisette*, et une *Moitié de pois* chez les Grecs modernes. Le nom anglais *Tom Thumb* n'est qu'une forme altérée de l'expression tudesque, à laquelle pourrait bien s'affilier notre mot patois *touma*, désignant en général un petit bonhomme et en particulier le ludion promené dans les foires pour dire la bonne aventure. Du reste le surnom de *Thomas* n'est pas étranger au Poucet anglo-saxon. Ces rapprochements sont quelque chose de fort singulier.

En haut Dauphiné le conte *Meita-de-ja*, qu'on traduit par Moitié-de-coq, a beaucoup de ressemblance avec la légende de Gros-de-Pun. Je crois même que c'est le même héros baptisé d'un nom différent; mais l'étymologie m'en paraît très discutable. A mon avis, il faudrait plutôt traduire par *Moitié d'homme*, *ja* n'étant probablement qu'une modification de *jan*, qui veut dire homme en langage de plaisanterie. Remarquez aussi que *géant*, en latin *gigans*, est tiré de la même racine.

Cependant la *jalhe* ou chimère qu'on montre sculptée à l'un des chapiteaux de l'église de Jaillant (Drôme), affecte la forme d'un coq; c'est le *basiliscus* du moyen-âge.

Les noms tout à fait rapprochés de *Gros-de-Pun* sont le roumain *Puenul* et le forézien *Plen pougnet*. Il existe même dans ce dernier pays une forme identique à la nôtre : c'est *Gros d'in Pion*; et toutes ces variantes signifient gros comme le poing. Chose plus remarquable encore, ces noms, dans leur contexture, ont un rapport frappant avec le nom grec

des Pygmées. J'avais été surpris d'un tel air de famille ; mais
quelle n'a pas été ma satisfaction de voir M. Gaston Paris
constater la même parenté? Y aurait-il eu d'abord en Grèce,
se demande ce savant, un πυγμαῖος par excellence dont le
nom serait devenu celui d'un peuple, comme on dirait les
Pourcels?